教育部人文社会科学重点研究基地建设经费资助

汉语应用语言学研究

RESEARCH ON CHINESE APPLIED LINGUISTICS

北京语言大学对外汉语研究中心 编

第7辑

2018年 · 北京

目　录

成语知识库及“以”在成语中的词类—义项分布*

俞士汶　朱学锋　王治敏

提　要　本文研究基于以下两个数据基础：(1)北京大学计算语言学研究所研制的汉语成语知识库；(2)基于《古今汉语字典》建立的单字词“以”的知识数据库。从成语知识库中抽取出含“以”的成语，整理后有427个。对“以”标注词类和义项，并按照“以”在成语中的位置进行统计，得到“以”与位置相关的词类—义项分布。这项成果可以在文本机器理解及语文学习中得到应用。本文还初步探讨了古今汉语的一些变化。

关键词　成语；汉语成语知识库；词类；义项；词类—义项分布

一、引言

2017年5月14日“一带一路”高峰论坛文艺演出，一群孩子高唱的歌词“天得和以清，地得和以宁，谷得和以丰，人得和以生”源自《道德经》，但其中“以”的词类、义项在《现代汉语词典》(中国社会科学院语言研究所词典编辑室，2016：1548)中查不到。现代汉语和古代汉语一脉相承，但又有变化发展。厘清汉语古今演变的脉络，一直是汉语语言学研究关注的课题。本文以古今都常用的“以”作为案例，微观地初步探索一下这个课题。采用计算语言学的研究范式，应该从古今汉语文本中搜索出尽可能多的例句，但工作量过大，且例句的冗余信息也过多。成语是产生于古代汉语却存活于现代汉语中的一类特殊词语，是汉语的活化石，能够为语言演变研究提供重要线索。北京大学计算语言学研究所研制的汉语成语知识库可以为本研究提供支持。

本文基于《古今汉语字典》建立了单音节词“以”的知识数据库。

从成语知识库中检索出所有含“以”的成语作为语料，对每个成语中的“以”标注词

* 本文相关研究得到国家重点基础研究发展计划“融合三元空间的中文语言知识与世界知识获取和组织”课题(2014CB340504)、国家自然科学基金项目“汉语抽象意义表示关键技术研究”(61772278)和教育部人文社科基金项目(16YJA740036)的支持。本文在研究过程中，得到北京大学蒋绍愚教授、陆俭明教授和北京语言大学王鸿滨副教授的指教，在此表示衷心的感谢。

类和义项(完成这项任务实际完成了对成语的结构分析),可以得到“以”的词类—义项在语料中的分布。由于成语的字数有限,“以”在成语中的位置也只有有限的几个,进而可得到与位置相关的“以”的词类—义项分布知识。

关于成语的研究及成果浩如烟海,不过以往的研究偏重于个案的考据、解释与运用。由于成语知识库采用关系数据库文件(二维表)格式,便于对数以万计的成语进行检索、统计与分析,据此可以开展有关成语的全局研究。在这方面,本文也是一次尝试。

二、北大汉语成语知识库概览

北京大学计算语言学研究所在1986年研制《现代汉语语法信息词典》之初,便在其中设置了成语与习用语两个数据库文件(俞士汶、朱学锋等,2003:19—135)。2004年起,在此基础上,单独建汉语成语知识库,至2009年收入的成语(包含习用语)已超过30000条,且设置了诸多属性字段以描述成语的词法、句法、语义以及出处等各种信息。之后,一边进行完善,一边探索应用(俞士汶等,2013;俞士汶等,2015;Lei Wang等,2012;Lei Wang等,2015;Wang Zhimin等,2016)。

从北大汉语成语知识库的数据库文件中挑选出含“以”的3个记录,列在表1中。表1节略了若干属性字段,为方便阅读,将文件中的行、列进行了转置。

表1 CIKB中含“以”的成语的样例

成语	以防不测	掉以轻心	相濡以沫
拼音	yi3fang2bu4ce4	diao4yi3qing1xin1	xiang1ru2yi3mo4
变体			以沫相濡
结构	述宾	述补	述补
褒贬		贬	褒
……	……	……	……
释义	防:防备;测:预测。用来防备不曾料想到的事。	掉:无实义;轻:轻率;轻心:漫不经心。对事情采取轻率的漫不经心的态度。	沫:唾沫,口水;濡:沾湿,润泽。鱼吐沫互相润湿。比喻一同在困难的处境里,用微薄的力量互相帮助。
近义	防患未然、防微杜渐、有备无患	不屑一顾、满不在乎、等闲视之	濡沫涸辙、同舟共济、同甘共苦、生死与共
反义	临阵磨枪、临渴掘井	刮目相看、郑重其事	自私自利

续表

直译英文	to make preparation against emergencies	to treat something lightly	fish to spit to moisturize each other when water is dried up
意译英文	just in case	to lower one's guard	to help each other in time of need with meagre resources

三、基于《古今汉语字典》的“以”词知识数据库

基于商务印书馆辞书研究中心编《古今汉语字典》(商务印书馆,2003:748—749),建立单字词“以”的知识数据库,如表 2 所示:

表 2 单字词“以”的知识数据库

词	音	编号	词类	义项	释义	词类—义项分布率
以	yi3	1	v	1	使用,任用	1/427
以	yi3	2	v	2	凭借,依靠	0
以	yi3	3	v	3	及,连及	1/427
以	yi3	4	v	4	认为	0
以	yi3	5	p	1	拿,用,凭	202/427
以	yi3	5	p	2	表示凭借……身份	0
以	yi3	5	p	3	把	47/427
以	yi3	5	p	4	按照,依照	27/427
以	yi3	5	p	5	因为,由于	32/427
以	yi3	5	p	6	在,于	1/427
以	yi3	5	p	7	从,自。引进时间、处所的起点	5/427
以	yi3	5	p	8	跟,同	0
以	yi3	6	c	1	以便	39/427
以	yi3	6	c	2	以致,因而	10/427
以	yi3	6	c	3	因为,由于	0
以	yi3	6	c	4	略同于表示先后相承的“而”	25/427
以	yi3	6	c	5	而且	1/427
以	yl3	6	c	6	连接状语与谓语中心词	36/427
以	yi3	6	c	7	用在方位词及“往、来”等之前,表示时间、空间、数量等的界限	

其中,“编号”即《字典》中对“以”设置的第一层义项的编号。“编号”为1—4者,《字典》没有标注词类,据其“释义”及“例”,本文定为动词(v)。“编号”5为介词(p),《字典》细分了8个第二层义项。“编号”6为连词(c),《字典》细分了7个第二层义项,其中义项7用于构成合成词,不在本文研究范围内。

表2最后一列数据不是《古今汉语字典》中原有的,而是本文的成果(下面再详细介绍)。

四、“以”的词类—词义标注及其与位置相关的分布

4.1 含“以”的成语资料整理

汉语成语知识库中含“以”的成语有472条,针对本文研究的需要进行了整理。

1.删除“必以情”“取以来”等少数几个少于4个字的词语。

2.删除冗余信息,如删除“不以人废言”,只保留“以人废言”。不过,含异体字的成语,如“物以希为贵”和“物以稀为贵”都保留。

3.拆分:原有“差若毫厘,谬以千里”“差以毫厘,失之千里”“差以毫厘,谬以千里”“差之毫厘,谬以千里”“失之毫厘,差以千里”“失之毫厘,谬以千里”“谬以千里”7个成语,将它们拆分,只保留“差以毫厘”“差以千里”“谬以千里”作为考察对象。

4.研究对象只限于单音节的“以”。排除“以”是多音节词的构成成分的情况。如“知其然不知其所以然”中的“所以然”,“忘乎所以”的“所以”,“自郐以下”的“以下”等。二字串“以为”出现26次,其中“不以为然,自以为是”等中的“以为”是一个词,“认为”义,而“何以为生”的中的“以为”不是一个词,相当于“以何为生”。对这26次的出现一一做了甄别,其中9个是词,17个不是词。

本文以含单音节词“以”的、长度不少于4个字的427个成语作为对象语料。之所以将成语看成语料,是因为这些成语也都是有句法结构的,有的成语的结构还挺复杂,像“相濡以沫”是述补结构,述语“相濡”又是状中结构,而补语“以沫”则是介宾结构。

4.2 “以”在427个成语中的位置分布

本文考察的成语,不论长短,都只含1个“以”。四字格占绝大多数,406个。长度超过四字的仅有21个,其中五字的8个,六字的1个,七字的5个,八字的5个,十字的1个,十一字的1个。

“以”在成语中的位置分布(即“以”是成语的第几个字)如表3所示。

表 3　“以”在成语中的位置分布

成语字数	成语数量	第 1 字	第 2 字	第 3 字	第 4 字
四字	406	253	88	65	
五字	8		5	3	
六字	1	1			
七字	5	1	1		3
八字	5	4	1		
十字	1	1			
十一字	1	1			
全部	427	261	95	68	3

4.3　成语中“以”的词类—义项的标注

了解了成语的意义及用法，参照表 2，考察每个成语的结构并标注其中所含的“以”的词类代码以及它的义项编码。

举“以沫相濡”为例，它是状中结构，“相濡”是谓词性中心语，“以沫”是状语。位于第 1 字的“以”属介词 p，义项是 1，即“拿，用，凭”义。将“以”标注为 p1。

对 427 个成语完成了“以”所属的词类—义项的标注，这是本文工作的重心，具体成果在正文之后的附录中，表 4 以简表形式集中展示成果的概要。

表 4　427 个成语中“以”的位置及词性—义项分布

	c1	c2	c4	c5	c6	p1	p3	p4	p5	p6	p7	v1	v3	横向小计
第 1 字	20					160	41	15	22		3			261
第 2 字	1	7	15		18	29	5	9	8	1	2			95
第 3 字	15	3	10	1	18	13	1	3	2			1	1	68
第 4 字	3													3
纵向小计	39	10	25	1	36	202	47	27	32	1	5	1	1	总计:427
分类小计	111					314						2		

由表 4 即可计算出“以”的词类—义项在 427 个成语中的分布率（见表 2），其中介词出现次数最多，计 314 次，连词 111 次，动词仅 2 次。介词中，义项为 1（“拿，用，凭”）的最多，202 次，接近总数的一半。连词中，也是义项为 1 的（“以便”）最多，39 次。

4.4 关于古今汉语对比的收获

研究过程及其成果印证了引言中关于成语“能够为语言演变研究提供重要线索”的预想。目前，关于古今汉语对比，至少有了两点收获。

1.“以”的词类、义项的分布有了变化。

《现代汉语词典》(第7版)1548页有【以[1]】和【以[2]】。【以[1]】除去用作姓氏的义项外，有6个义项，【以[2]】对应表2中的最后一行即c7。可以看出，与古代汉语相比，现代汉语的“以”的词类、词义简化了。【以[1]】的6个义项分别对应表2中的p1、p4、p5、c1、p6与c5，它们在427个成语中出现次数之和为302次，占71%。说明现代汉语仍保留了古代汉语中“以”的主要用法。需要注意到，某些不常见的用法随着社会生活和语言生活的发展和变化，可能会重新引起关注，“天得和以清”等4句中的“以”作为连词的第2个义项(表2中的c2，“以致，因而”义)就是一个例子。

2.现代汉语继承了古代汉语的句法结构类型，但也有变化。

在标注成语中“以”的词类—义项的过程中，实际上已对成语的结构进行了解析。现代汉语的主要句法结构类型(《朱德熙文集》编辑小组，1999：15—28，109—197)都可以在成语中找到，如主谓(事以密成；物以稀为贵)，述宾(铸成大错；以己之心，度人之腹)，述补(晓以利害；相濡以沫)，定中(八拜之交；一衣带水)和状中(道路以目；以沫相濡)。尽管成语字数不多，也有挺复杂的结构，如联合(招之即来，挥之即去)，连谓(挟天子以令诸侯；执干戈以卫社稷)，嵌套(“龙腾虎跃”是主谓结构的联合，“相濡以沫”是由状中短语“相濡”和介宾短语“以沫”组成的述补结构)乃至复句形式(差以毫厘，谬以千里)。一些成语虽有状中与述补两种结构形式，但其语义并没有差别，如“以沫相濡”和“相濡以沫”，“以诚相见”和“相见以诚”。在古代汉语中，可否将“相濡以沫”和“相见以诚”中的“以沫”和“以诚”分析为后置的修饰语呢？还有，“晓以利害”和“饱以老拳”中的“以利害”和“以老拳”也更像后置的修饰语。

还注意到，介宾结构也有变化。现代汉语介宾结构的宾语恒置于介词之后。但在成语中，常有宾语前置的情况，如“屈以求伸”即“以屈求伸”，其他如“诗以言志”“勤以立身”“俭以养德”“文以载道”等成语中，宾语也都置于介词“以”的前面。

五、标注实践经验小结

本项语言工程规模虽然不大，但难度却相当大。这里总结一下标注过程的经验，也许对类似语言工程的实施有启示和借鉴的意义。

5.1 成语结构的解析与整体意义理解的相互支持

要正确标注“掉以轻心”中“以”的词类和义项，既要知道这个成语的意思，又要了解这个成语的结构。《中国成语大辞典》对“掉以轻心”的释义是“以轻忽之心摆弄它，指不当一回事，不重视”(王涛等，2007:238)。显然，这样的释义未涉及成语的结构，不仅对“以”的词类、意义未做解释，“以”还是释义文本的用词，成了用“以”解释“以”。如果能认识到这个成语是述补结构(“掉”是述语动词，“以轻心”这个介宾结构做“掉”的补语或后置修饰语，“以”是介词 p，义项编码为 1，即“用，凭”义)，显然对这个成语的理解更透彻。本文的任务就是要将这个成语中的“以”的词类—义项标注为 p1。

人工标注时，通常先理解成语整体的意义和用法，进一步再判定“以”的词类与义项。当正确地判定了“以”的词类与义项，也可以检验理解得是否有偏误。

5.2 歧义消解是关键

标注实际上就是完成一个消歧任务：针对每个成语中的“以”，从表 2 罗列的“以”的 3 个词类以及每个词类的若干义项中确定一个恰当的词类和义项。举“相濡以沫”和“道路以目”为例。前者的释义是“本谓泉水干涸，鱼儿相互吐沫湿润”(王涛等，2007:1189)，后者的释义是“百姓慑于暴政，在路上相遇，不敢交谈，敢怒而不敢言，仅能以目示意”(王涛，2007:219)，这里的“以”的词义都是“用”，但“相濡以沫”中的“相濡”是述语动词，“以”是介词 p，介宾结构“以沫”是补语或后置修饰语，该成语的变体“以沫相濡”可作为“以沫”是修饰语的佐证，故“以”标注为 p1；而“道路以目”中的“以目”是状中结构，“道路”是“以目”的状语，故“以”标注为 v1，消解了词类歧义。

“降格以求”与“计日以期”这两个成语中的“以”都是连词 c，且连接的都是述宾结构与动词。不过，前者倾向于连谓，义项为 1，即“以便”义，故标注为 c1；后者倾向于连接状语与谓语中心词，标注为 c6，如此消解了同一词类的义项歧义。

“讦以为直”中的“以为”还有潜在的组合歧义，这里的“以为”不是一个词。“讦以为直”的意思是“把讦作为直”，故本成语中的“以”应标注为 p3。

5.3 模糊性的应对

无论是词类代码，还是义项编号，都是离散量。实际上，语言是连续统，存在模糊现象(俞士汶、朱学锋，2014)。在标注“以”时，同样需要应对模糊性。不过，本文没有采用模糊集及隶属度来描述所遇到的模糊现象。只是根据倾向性(或概率)或相关知识进行消歧，给“以”标注确定的词类与义项。这当然不尽人意，不过，作为初步研究，也只能如此。“屈以求伸”中，可认为“以”是连词 c，义项为 1，“以便”义；也可认为“以”是介词 p，义项为 1，“用”义，此成语都能理解，即“以”属于连词还是介词是模糊的。考虑到存在变体成语“以屈求伸”，故判定“屈以求伸”中的“以”是介词 p，标注为 p1。

实际上，在“以”的用法的演变过程中，“以”是沿着“动词”—“介词”—“连词”的轨迹逐步虚化的。判断“以”的词类与义项的总原则是，先考虑动词，应具有实际的含义；然后是介词；最后，意思很虚的，考虑为连词。不过，虚化的过程也具有模糊性。

5.4 正确性与一致性检验

标注的正确性是第一位的，但若只是孤立地考察一个成语，很难发现错误。采用不同方法（如按“以”的标注结果排序）对所有成语进行系统的一致性检查、比对，就容易发现错误。检验不同人标注的一致性、前后标注的一致性也可以发现错误。参照变体、近义（同义）、反义的成语也能发现一些不一致或错误。像“以管窥天”这个成语的结构与“以指测河”完全相同，起初误认为它们的意义也相近，既然“以指测河”的“以”标注为 p1，那么“以管窥天”中的“以”也就标注为 p1。后来发现“以管窥天”同“以郄视文”才是同义成语，它们中的“以”应标注为 p7，义为“从，自”。

六、余论

词典对成语的释义一般是针对其整体意义的，即便包含对个别词语的解释，通常也只是关注实词或者专名，缺少对作为其构成成分的虚词的意义和用法的解说。本项研究标注了成语中“以”的词类与义项，有助于对含“以”的成语的透彻理解，并得到了常用词“以”的词类与义项在成语中跟位置相关的计量分布知识。这样的知识，便于机器学习，可以提高语言信息处理的智能水平，也可用于语言教学和词典编撰等非典型的信息处理领域。本文初步总结的标注实践经验也可同参与语料库标注工程的朋友分享。

本文研究可以按以下两个方向深入：一是全面标注并解析成语的句法结构；二是研究“以”之类常用词的词类—义项分布的历时演变过程。

本文作者一向重视语言知识在语言信息处理技术进步中的作用，即便统计模型比规则模型取得明显优势后，仍坚守语言知识的重要性，因为统计方法也需要训练语料。所谓训练语料就是按照需要预先加工、标注好的语料。在这里，人的语言学素养就起关键作用了。

参考文献

《朱德熙文集》编辑小组 (1999)《朱德熙文集》第 1 卷，北京：商务印书馆。

商务印书馆辞书研究中心编 (2003)《古今汉语字典》，北京：商务印书馆。

王涛等 (2007)《中国成语大辞典》(新一版)，上海：上海辞书出版社。

俞士汶、朱学锋等 (2003)《现代汉语语法信息词典详解》，北京：清华大学出版社。

俞士汶、罗凤珠、朱学锋等 (2013) 汉语成语及典故知识库在语文学习中的应用，《台湾华语教学研究》第二期，第 13—36 页。

俞士汶、朱学锋 (2014) 语言模糊性与语言工程实践，黎千驹、冯广艺主编《模糊语言研究》第一辑，北京：中国社会科学出版社，第 275—284 页。

俞士汶、罗凤珠、朱学锋等 (2015) 面向语言能力提升的成语知识库建构及扩展，《西华大学学报》(自然科学版)第 5 期，第 1—6 页。

中国社会科学院语言研究所词典编辑室编 (2016)《现代汉语词典》(第 7 版)，北京：商务印书馆。

Lei Wang, Shiwen Yu, Xuefeng Zhu, Yun Li (2012) *Chinese Idiom Knowledge Base for Chinese Information Processing*. 13th Chinese Lexical Semantics Workshop, CLSW 2012, Wuhan, China, July 6 - 8. 302 - 310.

Lei Wang, Shiwen Yu, Zhimin Wang, Weiguang Qu, Houfeng Wang (2015) *Emotional Classification of Chinese Idioms Based on Chinese Idiom Knowledge Base*. 16th Chinese Lexical Semantics Workshop, CLSW 2015, Beijing, China, May 9 - 11, Revised Selected Papers, 197 - 203.

Zhimin Wang, Lei Wang, Shiwen Yu (2016) *A Metaphorical and Cognitive Study on Idioms with "Ru"*. Chinese Lexical Semantics 17th Workshop, CLSW 2016, Revised Selected Papers, 534 - 549.

附录　按"以"的词类—义项归类的成语

c1 连词，义项 1，"以便"；占第 1、2、3、4 字的个数分别为 20、1、15、3，小计 39。

以尽吾齿　以售其奸　以求一逞　以为后图　以为口实　以快言论　以快先睹　以绝后患
以儆效尤　以荷析薪　以观后效　以防万一　以防不测　以正视听　以备万一　以备不测
以资切磋　以资鼓励　以刺世事　以终天年　学以致用　析骸以爨　凿坏以遁　磨厉以须
虚位以待　降格以求　虚左以待　虚席以待　残民以逞　摩厉以需　相呴以湿　虚己以听
摩砺以须　扫榻以待　摩厉以须　磨砺以须　挟天子以令诸侯　挟天子以令天下
执干戈以卫社稷

c2 连词，义项 2，"以致，因而"；占第 1、2、3、4 字的个数分别为 0、7、3、0，小计 10。

习以成性　率以为常　日以为常　习以为常　习以成俗　积以为常　习以成风　大车以载
谔谔以昌　扫地以尽

c4 连词，义项 4，"略同于表示先后相承的'而'"；占第 1、2、3、4 字的个数分别为 0、15、10、0，小计 25。

引以为憾　导以取保　坐以待旦　赖以为生　引以为荣　引以为耻　无以复加　引以为戒
引以为鉴　适以相成　信以为真　乐以忘忧　无以塞责　引以自豪　坐以待毙　不随以止
如愿以偿　什袭以藏　迎刃以解　赍志以没　易口以食　望屋以食　赍志以殁　宁静以致远
淡泊以明志

c5 连词，义项 5，“而且”；仅占第 3 字，1 个。

好整以暇

c6 连词，义项 6，连接状语与谓语中心词；占第 1、2、3、4 字的个数分别为 0、18、18、0，小计 36。

难以置信　聊以解嘲　难以释怀　难以启齿　难以忍受　难以忘怀　难以言状　聊以自慰
聊以自娱　难以预料　堪以告慰　仅以身免　难以为情　难以名状　难以为继　难以言表
聊以卒岁　聊以塞责　梦寐以求　枕戈以待　昧死以闻　计日以期　全力以赴　衮衣以归
严阵以待　引首以望　拭目以待　孜孜以求　无言以对　翘首以待　拭目以俟　计日以待
严阵以待　计日以俟　真诚以待　无言以答

p1 介词，义项 1，“拿，用，凭”；占第 1、2、3、4 字的个数分别为 160、29、13、0，小计 202。

以权达变　以叔援嫂　以势压人　以泪洗面　以柔克刚　以偏概全　以沫相濡　以卵投石
以屈求伸　以暴易暴　以情动人　以勤补拙　以强胜弱　以强凌弱　以大恶细　以水投石
以卵击石　以卵敌石　以利相倾　以力服人　以理服人　以蠡测海　以德报德　以杀止杀
以石投卵　以升量石　以慎为键　以半击倍　以伪乱真　以汤沃沸　以索续组　以水洗血
以身试险　以权谋私　以日继夜　以杀去杀　以弱制强　以弱胜强　以肉餧虎　以身作则
以肉喂虎　以肉驱蝇　以白诋青　以柔制刚　以狸饵鼠　以身试法　以功补过　以狸致鼠
以冠补履　以诚相待　以瞽引瞽　以骨去蚁　以古喻今　以古非今　以古方今　以长攻短
以功赎罪　以火救火　以戈舂黍　以丰补歉　以诚相见　以德服人　以法为教　以耳代目
以恶报恶　以碫投卵　以毒攻毒　以宫笑角　以胶投漆　以点带面　以酒浇愁　以次充好
以德报怨　以口问心　以渴服马　以冰致蝇　以酒解酲　以石压卵　以管窥豹　以肉去蚁
以狸至鼠　以简御繁　以简驭繁　以煎止燔　以假乱真　以假当真　以假充真　以计代战
以火止沸　以火去蛾　以不济可　以夜继朝　以夷治夷　以夷制夷　以夷攻夷　以夷伐夷
以一警百　以一儆百　以一奉百　以一当十　以一持万　以小见大　以水救水　以水济水
以夜继日　以逸待劳　以肉啖虎　以羊易牛　以言徇物　以牙还牙　以血洗血　以夜续昼
以学愈愚　以刑致刑　以刑止刑　以刑去刑　以心问心　以心传心　以夜继昼　以战去战
以紫乱朱　以锥刺地　以锥餐壶　以铢程镒　以铢称镒　以珠弹雀　以文乱法　以水投水
以众暴寡　以指挠沸　以指测河　以直抱怨　以疑决疑　以战养战　以佚待劳　以泽量尸
以怨报德　以玉抵乌　以玉抵鹊　以鱼驱蝇　以蚓投鱼　以镒称铢　以意为之　以意逆志
以逸击劳　以眼还眼　以直报怨　以文会友　以莛叩钟　以莛扣钟　以莛撞钟　以往鉴来
以桃代李　以螳当车　以汤止沸　以汤沃雪　以子之矛，攻子之盾　以其昏昏，使人昭昭
以小人之心，度君子之腹　以其人之道，还治其人之身　逸以待劳　诗以言志　一以当十
一以贯之　晓以大义　假以辞色　晓以利害　俭以养德　饱以老拳　卑以自牧　数以千计
数以万计　政以贿成　何以为生　数以百计　俭以养廉　文以载道　掉以轻心　日以继夜
夜以继昼　啖以重利　一以当百　勤以立身　夜以继日　屈以求伸　兵以诈立　暂以瞰日
欺以其方　不以规矩，不成方圆　相见以诚　晓之以理　持之以恒　嗤之以鼻　绳之以法
许友以死　动之以情　率马以骥　继之以死　相濡以沫　戒奢以俭　喻之以理　一言以蔽之

p3 介词，义项 3，“把”；占第 1、2、3、4 字的个数分别为 41、5、1、0，小计 47。

以白为黑　以此为戒　以讹传讹　以耳为目　以攻为守　以古为鉴　以古为镜　以规为瑱
以黑为白　以毁为罚　以讦为直　以苦为乐　以苦为荣　以邻为壑　以鹿为马　以民为本

以筌为鱼　以人为本　以人为鉴　以人为镜　以忍为阍　以日为年　以身报国　以身许国
以身殉职　以身殉国　以石投水　以实为虚　以是为恨　以史为鉴　以手加额　以守为攻
以书为御　以退为进　以危为安　以信为本　以虚为实　以言为讳　以誉为赏　以紫为朱
以天下为己任　讦以为直　讹以传讹　讹以滋讹　民以食为天　邦以民为本　授人以柄

p4 介词，义项 4，“按照，依照”；占第 1、2、3、4 字的个数分别为 15、9、3、0，小计 27。
以辞取人　以誉进能　以此类推　以党举官　以古制今　以己度人　以己律人　以类相从
以礼相待　以毛相马　以貌取人　以人择官　以容取人　以己之心，度人之腹　以己之心，度人之心
宽以待人　方以类聚　物以群分　谬以千里　严以律己　差以毫厘　人以群分　物以类聚
严以自律　度己以绳　爱人以德　使民以时

p5 介词，义项 5，“因为，由于”；占第 1、2、3、4 字的个数分别为 22、8、2、0，小计 32。
以利累形　以一知万　以人废言　以疏间亲　以词害意　以辞害意　以言取人　以老卖老
以文害辞　以公灭私　以微知著　以微知着　以言举人　以私废公　以德追祸　以私害公
以噎废餐　以噎废飡　以养伤身　以义割恩　以义断恩　以五十步笑百步　事以密成
邈以山河　羞以牛后　何以变卦　物以希为贵　不以辞害志　物以稀为贵　不以一眚掩大德
一则以喜　一则以惧

p6 介词，义项 6，“在，于”；仅占第 2 字，1 个。
超以象外

p7 介词，义项 7，“从，自”；占第 1、2、3、4 字的个数分别为 3、2、0、0，小计 5。
以筦窥天　以管窥天　以郄视文　蒙以养正　出以公心

v1 动词，义项 1，“使用，任用”；仅占第 3 字，1 个。
道路以目

v3 动词，义项 3，“及，连及”义；仅占第 3 字，1 个。
剥床以肤

（俞士汶，北京大学计算语言学教育部重点实验室，yusw@pku.edu.cn；
朱学锋，北京大学计算语言学研究所，yusw@pku.edu.cn；
王治敏，北京语言大学汉语学院，wangzm000@qq.com）

華語詞彙教學之情境式教學設計與實踐

信世昌　羅悠理　黄筱婷

提　要　漢語詞彙是外國學生學習華語的根基,如何擴大詞彙量並能熟記易用是學生經常面臨的問題。由於漢語詞彙的語義和語用會因不同的情境而有所變化,需要透過各種情境來聯結詞彙網絡,但即使在相同的情境内,不同的人根據本身的經驗與認知差異,可能使用到的詞彙與句式亦會有所不同,因此可以融合擬真的情境與任務型活動,來增加學習者的詞彙運用能力。本研究即以情境式教學法為基礎,針對在台灣的外國人士最常面臨的情境作為詞彙教學内容,並結合任務型活動進行教學設計與教學實驗。本研究根據所發展出的情境式教案進行兩單元的教學實驗,開設十個小時的教學實驗班,共邀請十位在台灣學習華語的外籍高級學習者參與實驗課程。課程開始前教師先使用詞彙知識檢核表以了解學生的詞彙學習狀況,授課過程中持續以錄影方式記錄課堂實況,授課教師亦於每次上課後寫下教學反思,課堂尾聲再以擬真的交際活動為總結活動,一方面強化學生對於詞彙的掌握,另一方面亦檢驗學生的學習狀況。最後,通過團體討論方式,記錄學習者對於實驗課程的感受與意見反饋。在討論過程中得知本實驗課程的參與者對於情境式的任務活動都有正向的回應,並感受到教學内容與活動的真實性與實用性。

关键词　華語教學;情境式教學;任務式活動;漢語詞彙學習

一、研究背景

漢語詞彙是外國學生學習華語的根基,如何擴大詞彙量並能熟記易用是學生經常面臨的困難問題。學生在交際的當下,經常因詞窮或難以直覺地使用適當的詞語,導致交際不順暢。在一般的課堂中,詞彙通常是依據課文段落逐步教導,學生通過自行背誦或教師的課堂講解來學得每課的生詞,然而,如此卻使詞彙與語言使用的真實情境有所脱節,而難以記憶與運用。

在語言的實際使用中,漢語詞彙的使用是因主題及話題而產生,也會因不同的情境而產生語義及語用的變化,需要透過各種情境來聯結詞彙並擴大語意網絡,因此教學中應儘量運用擬真並設身處地的情境式教學,以利於學生的理解與吸收,儘量讓學生在情境中來學得詞彙。然而所謂的"情境"不僅是静態的場合,亦應考量參與者與情境間的互動性,即使在相同的情境内,不同的人根據本身的經驗與認知差異,可能使用到的詞彙與句式亦會有所不同,因此可以融合擬真的情境與任務型活動,來增加學習者的詞彙運用能力。

就實際的交際情境而言,最中心的主幹情境就是核心情境,從核心情境而延伸出的相關情境則是子情境,一個情境內可能因為說話者的需求延伸出許多不同的子情境,例如,租房子便可能包含看房、簽約與意見反映等子情境,購物就包含了和店員的詢價、試用、付款等子情境。因此情境的教學應為一連續的過程,而交際過程中可能使用到的直接詞彙及衍生詞彙就是應當學習的重點,因此詞彙可分為:"核心生詞",即必學的生詞,是學生一定要掌握的詞彙,否則就難以進行基本的交際活動;"擴充生詞",即在擬真活動中,有可能會面臨的相關情況而衍生出的詞彙。教師必須事前針對可能的子情境來準備好可能的擴充生詞,以方便講解與補充。

情境式教學需要基於真實交際的情況來規劃設計,所教的詞彙亦須與情境相互搭配,故本研究的重點是以教學設計及教學實踐來驗證情境式教學的可行性。

二、文獻探討

基於研究目的,本節分別從情境式教學法、任務教學法及詞彙教學等三方面來綜合探討其學理依據及在語言教學方面之應用。

2.1　情境式教學法

在使用語言交流時,情境是雙方順利完成溝通的關鍵,而在第二語言習得(以下簡稱"二語")領域中也證實了情境的重要性,Jeong,H.J.等(2010)通過功能性磁振造影(fMRI)觀察二語學習者在文本(text-based)與情境(situation-based)基礎下,大腦學習詞彙時的運作過程,他們發現學習者在進行真實情境的詞彙輸入時,其大腦運作模式與母語者的習得過程相似,由此可知若在二語教學中結合真實情境,將可提供學習者如同母語者的習得效果,此即情境學習(situated learning)。所謂情境學習是指設身處地於某種環境或位置的學習,並考量了情境與參與者間的互動性(邱貴發,1996)。在語言使用的過程中,即使處於相同的情境,不同的個體根據本身由於經驗與認知差異,其所可能使用到的詞彙與句式亦會有所不同。目前雖已有學者探討語境於華語教學中的應用,但討論範疇仍局限於文本語境,或缺乏明確的教學規劃(方艷,2004;婁秀榮,1997;張劍,2010),故本研究期能通過實證研究補全理論不足之處。

情境式學習,其強調概念性知識本身,有如工具(tools),必須在真實情境中加以使用琢磨,才能發揮應有的功能(朱湘吉,1998)。根據 Bereiter(1990)的情境式模組(contextual modules)理論,教學時為了幫助學習者從新手過渡至專家過程中,應協助其克服可能產生的阻礙性的情意(如焦慮)的因素。然而以往華語教學傾向由教師預期學習者可能接觸的語言項目,統一教授相同的内容,這種方式忽視了學生的個體差異,是以單一場景決定學習内容的教學模式,而情境教學的本質應重視個體在情境中可能發生的事件、行為,亦即應重視學習者個體情意。因此本研究期以情境式教學法為基礎,針對華語詞彙教學範疇進行教學設計與教學實驗,並關注個體的差異性詞彙學習效果。

本研究中的華語詞彙情境式教學法借鑑 Collins、Brown & Newman(1989),Collins(1992,1993)等的認知學徒理論,其提倡教學過程首先由教師作為示範讓學習者模仿,而後給予主要鷹架讓學習者根據鷹架模組自行探索應用,繼之針對先前的練習活動給予反饋與重複的教練,再使學習者練習闡述產出,教師則藉由學習者的華語表達内容確認學生理解程度,最後通過學習者的個人省思與檢核,自行發現學習問題。

除了教學步驟,Brown、Collins & Duguid(1989)還強調"知識""活動"與"文化"存在相互依賴的關係,有效的學習必須同時兼顧這三項要素的全面性理解,因而提出"真實活動"(authentic activity)。真實活動可簡化為指某一文化中的日常實務,一個領域中的日常實務是該領域成員中經過協商與社會性建構的結果,而這些一致、有意義與目的的活動便是真實的。黄永和(2009)在探討情境式學習的"真實性"時指出,任何教學活動的設計與安排都不可能是完全真實的,然而教師提供學生學習的活動應儘可能朝向更真實的方向,課堂教學應該儘可能逐漸增加真實的學習任務,因此在華語教學中要能夠營造近似真實語言交際的擬真情境。而 Cronin(1993)指出"真實性"是一種連續體關係(continuum),這種連續體的概念反映在語言交際中便是在一大情境内還可能誘發其他的"子情境",例如在買東西的主要情境内還可能引發商品詢問、婉拒推銷、殺價……種種不同的子情境,要做到真實活動便需考慮情境内的各種可能。為了安排擬真情境,幫助學習者有效學習詞彙並涵化為詞彙應用能力,本研究結合任務型教學法的理念和方法,並將之落實於教學設計中。

2.2 任務型教學法

任務教學法和情境教學的概念頗有關聯,其源於 20 世纪 70 年代的社會建構主義,學者在對知識建構為本的反動下,提出了語言教學應注重學習者個體的特徵,並增加多元互動的特色(Piaget,1970;Fosnot,1996;林生傳,1998)。Long(1985)在 Krashen(1981)的語言監控假説(the monitor hypothesis)的基礎之下,提出了互動假説(interaction hypothesis),此假説強調語言學習的輸入、内在習得以及輸出等能力,而過程中藉由教師的指引或和母語者的互動,學習者的語言便能有所修正,以建構出更符合目標語的語言形式。為了在語言教學的環境中幫助學習者,他進一步指出任務教學法(Task-Based Language Teaching)在第二語言教學中的應用,所謂"任務"指的是在課堂上或生活中為自己完成一件事情,如購物、點菜等,也就是在課堂上設定具體的溝通目標,讓學習者在"做中學",使用目標語完成教學任務(pedagogic tasks)。有了實際的溝通經驗之後,學習者在課程中所安排的模擬真實情境中獲取成就感、增進語言知識,進而提昇學習動機。

在華語教學方面,任務教學法逐漸被運用於課堂中,特別是用於提高口語和寫作課的品質(吴中偉,2008;袁芳遠,2010)。陳冠良(2010)經實驗對比任務型教學和非任務型教學的華語課程,發現使用任務教學的學習者出席率和注意力皆高於對照組,此外,使用任務教學的教師能使用多元的方式營造學習環境,幫助學習者恰當使用華語完成任務。儘管任務教學法具有上述優勢,學者亦指出了任務教學應建立於基礎的語法和詞彙知識之上,Richards & Rodgers(2011)提出任務教學能關照語言學習的結構性、互動性和功能性,亦即學習者在任務的過程中以"詞"為單位出發,用"對話"進行實際的溝通,再通過"完成任務"達到語言學習的目標。他們亦指出教師的角色在於選擇與安排任務、引導學習者參與任務並輔助學習者使用恰當的語言,而學習者可藉由個人或分組的方式參與任務,使用目標語和他人互動並合作解決問題。由此可知,若能恰當運用任務教學法,不僅能讓傳統的語言學習更有意義、提高學習者的興趣、增加人際互動的機會,亦能幫助教師活用真實情境提供更多元化的教學。

在任務教學的分類方面,學者提出不同的歸納方式。Willis(1996)將任務教學分為六種:聽力任務、分類任務、比較任務、解決問題任務、個人經驗分享任務和創作任務。任務型教學法已被應用於華語教學領域,靳洪剛(2006)提出小組的課堂任務可分為四大類型:角色扮演類、信息交換類、問題討論類以及其他類,學習者可藉由擬真的角色扮演、採訪等活動,或是教師帶領的信息填空、看圖討論、和當地母語者互動的方式強化目標語的能力。在不同學者和教師的多年努力之下,任務教學法的類型趨於豐富,除了可以和不同的教學法結合之外,亦可廣泛運用於不同主題的課程設計、評量和真實的社會互動,並可根據課程需要靈活應用。本研究為幫助學習者在不同的具體情境中操練所學的句型及詞彙,同時為符合教學目標安排之課堂活動及口試內容,在教學設計時便融合了聽力、分類與解決問題等任務,以配合教學之情境特色的安排。

綜合而言,任務教學法所使用的真實材料和擬真情境,都成為啟發華語教師在設計教學活動時良好的素材,對學生而言,更能藉由實際的任務操作鞏固既有的詞彙和語法知識,進而提高跨文化合作與溝通能力。

2.3　詞彙教學法

華語詞彙教學因應華語本體的特徵，一直有字、詞或句為教學本位的討論。李如龍、楊吉春(2004)認為若學生不能掌握詞彙規律，即字與詞的關係，就無法達到高效學習，又由於詞彙總是存於聚合關係和組合關係的網絡中，在此網絡中才能掌握詞彙的意義和用法，因此主張華語教材及教學都應以詞彙為中心，以句子為單位。張迪(2014)則指出對不同程度學生採不同的詞彙教學，例如初級學生適用以"詞本位"為基的中英對照詞彙表，可在短時間內掌握基礎詞彙，並由教師補充詞彙搭配，輔以多種多樣的練習；對中高級學生要訓練其建立詞彙網路加以擴大詞彙量，借助能產性高的語素串聯一系列相關詞，例如"商店"的"商"和"店"，分別引出"商業、商品、書店、鞋店"等，讓其所學的詞義、字義(語素義)知識互補互助，大量的詞彙輸入同時亦可使學生了解華語構詞，是融合了字與詞的教學方式。

然而不管是字、詞或句本位的教學模式，都忽略了學習者的個體差異與詞彙本身特性影響，其多着重在教師的輸入，對於學生的理解轉換輸出則着墨較少。

詞彙學習是口語訓練的基礎，Ellis(1995)指出二語的詞彙學習經由口語輸入而來，學習者首先經由聆聽語言、並由語言互動中掌握語言形式和意義；理解語言與習得語言的處理程序不同，理解並不保證習得，因此詞彙教學中要確認學習者的掌握程度，並增加學習者的應用能力，便可通過情境式與任務型教學法的結合運用。此兩項教學法運用於華語詞彙教學，還有一項優勢在於可引發學習者活動參與時的偶然學習。王淼(2006)提到語言學習途徑包括有意學習(intentional learning)與偶然學習(incidental learning)，前者在課堂内進行，需有大量注意力集中在學習過程與策略，後者則是經由活動無意地學習知識與技能，兩種形式的學習都有學生的注意力存在，而引起學習者對陌生詞彙的注意是學習的前提條件，即學習者在偶然學習過程中遇到生詞時，會因為該詞彙影響篇章理解時想盡辦法猜測，而在該詞不影響文意理解時則予以忽略。過去的教學僅強調學習者通過教師教學時的有意學習過程，對於學習者通過活動引起的偶然學習則未能嘗試加以利用。本研究則期通過教學的活動設計啟動學生此方面的學習知能。

綜上所述，目前華語教學法的研究應將華語詞彙的特性納入考量，例如對學習者而言名詞性詞彙在語法上的問題不大、以語素串聯進行教學可使學生在短時間内擴充詞彙量，以及動詞和離合詞等具變化性的詞彙則須以句子形式讓學習者注意其用法；除此之外，如同李如龍、楊吉春(2004)所述，在語言的實際使用中，為了適應不同的情境，漢語的詞彙限制和語法仍有更多的發展空間，因此在教學上若能通過情境聯結詞彙網絡，使得語言使用者潛在知識結構中的知識單元以一定的方式組合，進而排列形成理解話語的認知語境(方艶,2004)。為了確認學生在課堂上的理解程度,本研究認為應融合情境教學以及任務型教學法來營造學習的環境,才能關注學習者在詞彙學習方面的個體差異性。

三、研究方法

3.1 研究步驟

本研究首先根據前述之情境式教學法結合任務型教學,設計符合本研究理念之教案,同時規範教學時的注意事項,而後利用此教案為框架,進一步設計其中的華語詞彙教學範例,並藉由實際試教了解學習者的學習情況。

為符合華語第二語言詞彙教學,本研究以信世昌、鄧守信、李明懿(2010)所收錄的外籍人士經常面臨的情境及相關詞彙作為教學基礎內容,此詞庫考察了非母語人士最常使用華語之情境,共列出 36 個主要情境,收錄了 2080 詞,詞彙並以情境為分類,因此我們從中選取兩個常用情境作為教學主題,再從詞庫選擇適宜之詞彙作為教學素材,並以中高級華語學習者為教學目標對象,設計一個單元共 15 小時的課程。

完成課程設計後,本研究團隊即招募在台灣學習華語之中高級程度之外國學習者參加實驗課程,以研究分析在實際教學應用的現象。此實驗課程包含教學前的詞彙能力檢測與教學後的總結活動及實錄訪談,共分為五天、跨越兩週,每次三個小時,共 15 個課時。本課程中全程錄影以進行分析,最後再通過學生集體訪談的方式,作為反饋與反思。

3.2 教學理念及構想

1.情境分類。

Cronin(1993)視情境為連續體,因此情境間便具有相互引發的關係,因此為了符合真實的溝通情況,本研究將囊括整體溝通活動與行為的交際主題稱為"主情境",主情境常作為溝通的主題與主旨,是說話者(學習者)使用語言的主要溝通目標。然而在主情境之下,根據說話者面對的談話對象、交際環境和討論事項又可分為數個"子情境",這些子情境是說話者為了達到主情境的整體目標,而要使用語言達成的步驟。主情境和子情境是情境式教學中的核心,學生需要掌握這些語言項目,而在主情境與子情境中的詞彙便稱為"核心詞彙"。

然而真實的交際情況是因人而異的,不同的參與者在相同的情境下也會面臨不同的境遇並进而使用不同的語言內容,這種學習者的差異需求,在課程中往往難以作為規約性的教學目標。例如以點餐為例,當某位客人點了牛排,服務生會問是幾分熟,而會產生牛排要五分熟、八分熟或全熟的討論對話;但另一位點海鮮的客人,就完全不會引發討論幾分熟的對話。換言之,在同樣的真實情境裡,所引發的語言内容會因人而異。

教師可事先預想這類差異性情況,作為主要教學目標以外的“擴充情境”。擴充情境是學習者在模擬交際過程中自行觸發的情境,而這當中可能用到的語言詞彙稱為“擴充詞彙”,用以拓展學生的詞彙内涵,但不強求所有學生操練或習得,因此有别於必學的“核心詞彙”。

以租房子為例,交際者的目標是租到合適的房子,因此租房子是“主情境”,而要租到理想的房子,交際者便需要參與“看房”“跟房東溝通”的情境,此二者即為“子情境”,教學過程中教師便要教授與此兩者相關的“核心詞彙”。然而部分的交際者在看房時可能會希望了解鄰居,因此他便觸發了“鄰居介紹”的“擴充情境”,或是在跟房東溝通以前,也有人會希望先跟室友溝通,因此引發了“跟室友溝通”的“擴充情境”。這些看學習者個人的需求而定,學生並非通過課堂中的“固定安排學習”,而以“衍生觸發學習”來“擴充詞彙”。

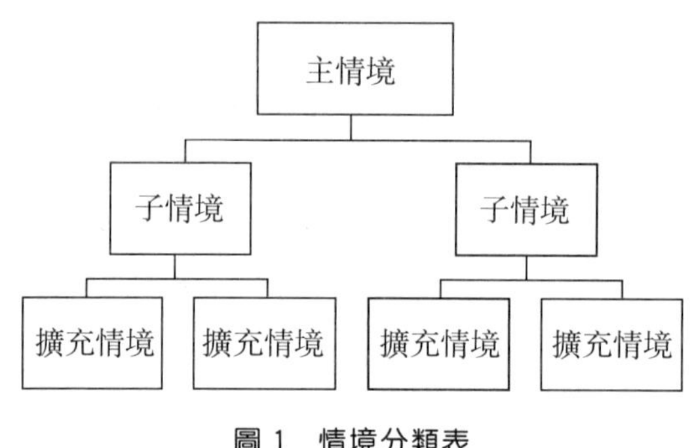

圖 1 情境分類表

而要促使學習者觸發擴充情境並學習擴充詞彙,就須結合任務型活動,同時亦要藉由任務型活動學習者提供實際的語言運用機會,因此更要注意任務的真實性。

2.情境式任務活動設計。

課堂活動中為了加強學生的口語能力,教師往往會採取角色扮演的活動,賦予學習者新的身份並提供既定的腳本與語言材料,學生需要做的往往是照着腳本代入語言點,其交際目標通常與個人的實際需求有所脱節,這往往會造成學習者在課堂活動中雖可以順利溝通,但是在真實的溝通情境下卻無法順暢表達的原因之一。因此本研究認為情境式教學下的任務活動,其有别於假設角色的扮演活動,而應採設身處地式的自我角色,教師不僅要給學習者提供語言工具、提出目標,更要講求溝通的真實性。以下區辨角色扮演活動與本文論述之情境式任務活動。

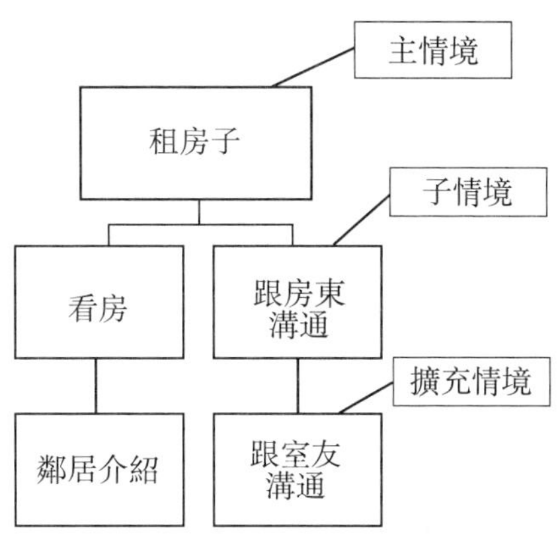

圖 2 情境分類範例——租房子情境

角色扮演活動時教師給學生提出的基礎目標在於完成對話,因此通常是以對話編寫或語言點代換進行練習,同時溝通對象往往是班級內的同學或教師,教師的角色是監督者或輔助者,教師也會配合學習者程度控制語言輸出難度,因此學習者都是在一個虛擬的環境下進行固定語言的訓練。

然而在情境式任務活動中,教師雖已在活動前教授可運用的語言材料,但是在情境式任務活動中,學生並不會有特定的腳本或被賦予新身份,而是以自己的真實身份參與活動,而教師只提出其設定的交際目標,例如在租房子的情境中,學生便要租到自己理想的房子。學習者的交際對象則是實際母語者,這位母語者可以是助教或是教師本身,但是需注意的是母語者不調整輸出的語言難度,而以真實的對話方式參與活動,因此對於學習者而言,這位交際對象會是一位挑戰者,學習者需要即時運用現有的所有語言知識達到特定的目標,而當遇到超出教學內容的語言點時,可以通過詢問或請求解釋等方式延續溝通,在此同時便觸發了"擴充情境"的"擴充詞彙"學習。

表 1 角色扮演活動與情境式任務活動比較

	角色扮演活動	情境式任務活動
基礎資訊	特定的腳本或新身份	自己的真實身份
活動目標	完成角色對話	完成交際目標
對話對象	二語學習者/參與輔助者	母語者/挑戰者
會話內容	將目標語言代入既有框架	現有語言能力自行運用

除了對話對象和任務資源的差異,為達到真實的情境,活動中還可通過教室布置、桌椅擺設或校外教學等方式,以營造出真實的情境,同時母語者也不僅限定於教學相關人員,反而是以實際情境中學習者會接觸的交際對象為佳。

3.教學材料。

情境式教學中,交際對象、環境都以趨近真實為目標,教學材料亦以真實的語料更為適宜,因此教師可以錄製教學情境相關的錄音檔案,使用母語者的真實語料,取代一般教材中咬字清晰、語速放緩的聽力內容。除此之外更可使學生練習表格填寫、綫上視頻或網絡資訊查找等,以這些現實情境中會使用到的資源作為教學材料,再選取當中的語言點並系統化地規劃出適宜的教學步驟,將更有助於學生結合課堂與真實情境。

四、教案設計

根據以上的教學理念,本研究設計出對應之情境式教案,教案的首頁為教案大綱,供教師填寫課程基本資訊、課時與學生背景等,同時也需安排情境的分類,填寫主情境、子情境與擴充情境,以及此情境下的詞彙或目標語言。除此語言內容,教師還要設想需要的道具、教室布置、桌椅擺設,以利教師事前準備或作為課程異動時的參考。

表 2 教案設計範例一

<table>
<tr><th colspan="4">情境型教案大綱</th></tr>
<tr><td>課　　名</td><td>華語聽/說/讀/寫課程</td><td>課程時間</td><td>共三節,一節 50 分鐘</td></tr>
<tr><td>課程進度</td><td>共十週,第一週</td><td>學生背景</td><td>多國</td></tr>
<tr><td>學生程度</td><td>中級華語學習者</td><td>學生人數</td><td>6—8 人小班</td></tr>
<tr><th colspan="4">主情境:租房子</th></tr>
<tr><td colspan="4">說明:留學者在外租房會面臨的情況</td></tr>
<tr><td colspan="4">子情境 1:找房</td></tr>
<tr><td>情境安排</td><td colspan="3">將椅子排成兩圈 ㄇ型,並在椅子上貼上號碼。
教室牆壁上貼上租房廣告。
電腦投影租房網站互動看房(网址略)。</td></tr>
<tr><td>核心詞彙</td><td colspan="3">家具、設備、環境、包含、網絡、水/電費、(收)房租、押金、匯款、簽約、共用、浴室、廚房、洗手間(廁所)、室友、套房、雅房、離……很近/遠、房東、限(男、女)、禁、漏水、停(水、電)、鑰匙、鄰居、度(M)、修理</td></tr>
<tr><td colspan="4">擴充情境 1-1:鄰居介紹</td></tr>
<tr><td>情境安排</td><td colspan="3">將椅子排成兩圈 ㄇ 型,並在椅子上貼上號碼。</td></tr>
<tr><td>擴充詞彙</td><td colspan="3">隔壁、旁邊、對面、樓上、樓下</td></tr>
</table>

续表

子情境 2:臨時狀況反映	
情境安排	在教室内的冷氣、牆壁貼上漏水、龜裂圖示。 在教室内的冷氣、牆壁貼上漏水標誌,老師扮演房東,學生反映問題。
核心詞彙	吵、臭、髒、水電工、馬桶不通、洗手台、堵住、熱水器、打擾
擴充情境 2-1:跟室友溝通	
情境安排	課堂内角色扮演。
擴充詞彙	習慣、倒垃圾、繳費、收信、包裹、負責

大綱後則是實際的教學規劃,包含教學流程、情境設置語説明和課時規劃,流程中亦可包含相關提問與預設對話,而在説明中以可使閱讀者快速理解本教案重點與操作原則為編寫標準。然而除了含蓋學生目標語言點的教學步驟外,每個單元中都一定要含蓋"情境式任務活動",而此活動中最基本的原則為教師使用母語者的真實説話方式,同時要促使學習者觸發擴充情境。

表 3　教案設計範例二

子情境 1 找房		
教學流程	情境設置/説明	建議時間
熱身引導: 師:每個人比較在意的東西不一樣,看房子的時候還有很都事情要考慮,讓我們看看要注意什麼。等一下會問你們影片的問題,所以要先寫下你們不懂的生詞。	租屋注意事項(网址略) 生詞 PPT	5 分
問答檢驗: 1.影片裏面說租房子要注意什麼? 2.頂樓加蓋有什麼不好? 3.為什麼要看窗外呢? 4.房租通常包含什麼?要注意有沒有包含什麼? 5.跟房東住在一起有什麼好處? 6.要怎麼知道是什麼隔間?		10 分
詞彙教學: 1.記錄學生不會的字詞。 2.以字卡或 PPT 呈現詞彙與句式,並解答學生的疑惑,並以問答方式讓學生使用字詞造句。 3.再次觀看影片並使學生用拿到的字卡互相提問。	租屋注意事項(网址略)	20 分

续表

子情境 2:臨時狀況反應		
情境式任務活動: 老師扮演房東,學生扮演房客提問: **擴充情境任務**: **教師提問**: 1.是不是你自己用壞的? 2.你平常是怎麼用的? 3.你有沒有把食物收好? 4.是不是你朋友來的時候用壞的? 5.你什麼時候離開?方便我請人來修理。 6.我可能要請你負擔部分的修理費。	**教具/座位安排**: 安排教學單位內其他教室作為展示房間,在電器用品、燈管貼上故障標誌,牆上貼壁虎、裂縫圖示,地上或櫃子上有蟑螂、老鼠等。 原則 1:教師使用母語者的真實說話方式。 原則 2:學生個體導向不同,各人會有不同的需求情境。	15
活動反饋:偏誤整理,補充擴充生詞。 學生討論交際過程難點。	就交際不順的偏誤處再給予反饋並提供擴充詞彙。	10

研究者在完成教案的基礎架構後,以"租房子"和"買衣服"作為教學主情境,完成兩單元的教案編寫,並進行試教課程安排。

五、教學實踐

本研究規劃以年滿 18 歲的在台灣中高級華語學習者為目標學生,並不限定國籍,學生須全程參與,包含教學課程、詞彙檢測和最後的集體訪談,課程為期兩周、共五天。並告知參與者課程中將全程錄影,相關資料亦僅將作為學術研究之用,授課教師為本研究團隊的碩士生成員,並基於相同教學理念進行教學。

5.1 學生背景

本研究邀請七位外國學生組成小班,分別來自台北幾個大學的華語中心。參加學生之國籍包含日本、韓國、越南、德國、危地馬拉等,多數學生為高級班,已學到《新實用視聽華語》教材的第四冊至第五冊,只有兩位學生為初中級程度,學習至第二冊。

表 4 學生背景資料表

國籍	日本	韓國	越南	德國	危地馬拉	總計
人數	2	1	1	1	2	7 人
性別	女	女	男	男	女	—
程度	高級	高級	高級	高級	初中級	—

5.2 詞彙檢測

因學習者背景差異,為了解學習者對詞彙的掌握程度,同時作為課程安排基礎,本研究採用 Paribakht & Wesche(1997)設計之詞彙知識檢核表,使參與者自行評估詞彙的掌握程度。

此檢核表中並非以考試形式,而是給出詞彙繁體中文與漢語拼音,請參與者將就此詞彙勾選"我没看過這個詞""我看過這個詞但不知道意思""我知道這個字的意思,但是不知道怎麼用"或"我知道這個詞也知道怎麼用(我可以用這個詞造句)"以及作為詞彙資訊蒐集的"我在生活中會用到這個生詞"。本研究將前三項列為無法掌握此詞彙,並輔佐以人口問答方式,請參與者造句或詢問在何種情況下使用此詞彙,因此雖然學習者自己認為已完整掌握詞彙了,但仍出現部分錯誤,因此將口語問答後的錯誤平均,參與者在課前的詞彙掌握能力約在 60%,也就是雖已了解部分詞彙但是尚有發展空間,因此足以作為教學對象。

表 5 詞彙知識檢核表

<table>
<tr><th colspan="6">詞彙知識檢核表</th></tr>
<tr><td colspan="3">Name 姓名:</td><td colspan="3">Nationality 國籍:</td></tr>
<tr><td colspan="3">Gender 性別:</td><td colspan="3">The Textbook you currently use.
現在使用的課本:</td></tr>
<tr><td colspan="6">Check the words at left. How well do you know these words?
Tick (√) it the appropriate box.
請看左邊的詞,根據你對這個詞的理解與認識,在適當的框格打(√)。</td></tr>
<tr><td>詞彙
Words</td><td>我没看過這個詞。
I HAVEN'T see this word before.</td><td>我看過這個詞,但不知道意思。
I HAVE seen this word before, but I DON'T know what it means.</td><td>我知道這個字的意思,但是不知道怎麼用。
I KNOW this word, but I DON'T know how to use it.</td><td>我知道這個詞也知道怎麼用。
(我可以用這個詞造句。)
I know this word and I also know how to use it. (I can use it to make a sentence.)</td><td>我在生活中會用到這個生詞。
I use this word in my daily life.</td></tr>
<tr><td>1. 家具
jiājù</td><td></td><td></td><td></td><td></td><td></td></tr>
<tr><td>2. 隔壁
gébì</td><td></td><td></td><td></td><td></td><td></td></tr>
<tr><td>3. 設備
shèbèi</td><td></td><td></td><td></td><td></td><td></td></tr>
</table>

5.3　總結訪談

為了瞭解學習者在參與課程後的學習情況與對課程的回饋，在各單元結束後都設有個別口頭對話活動，學習者會被告知各種預設情境與目標，並與母語者進行問答，母語者則記錄問答情形與使用詞彙。而在兩單元課程結束後，本研究再採取集體訪談形式，以學生和教師共同討論的方式記錄課堂回饋，並以此作為後續的研究設計與規劃依據。

六、教學反饋

在教學試驗期間的每次課後，都對參與學生及授課教師進行訪談，全部課程結束時也立即進行一次焦點座談，藉以充分蒐集師生的反饋意見作為教學改進的依據，也據以得知師生對於情境式詞彙教學的看法。

6.1　學生反饋

1.情境式教學課程跟一般的課程最大的不同。

學生一致表示課程中由許多活動貫串互動性高，生詞教學之後有各種形式的語境可以使用，可以感受到所學的實用性。如 L 生說：

> 可以很多用上課的時候學的詞和句型，覺得很好用。

2.作為中文水平已達高級的學生，詞彙量已經很多了，像這樣的課對你們來說有多少幫助？

即便所學的課本內容為高級程度，但卻缺少日常生活中實用的或是口語的資訊。首先，在課堂內所學的正式詞語或特定話題的詞彙，常與個人日常所需的詞彙不同，很多課本詞彙對學習者來說是實用性不夠。學生表示：

> L 生：我們在課本裡學的內容已經是達到高級的，但是日常生活當中用的部分卻不太清楚，比如買東西的時候，售貨員說的內容以及那個時候我應該怎麼回答，這次上課的時候了解了很多。
>
> W 生：對，我同意她說的，這次學的就是……像當地人的說法。
>
> L 生：課本上的內容有時候不太實用的，這次上課的內容比較實用。

另外，一般教材或課堂內容，就算是有話題性但也僅能涵蓋話題中一部分的生詞，並非像本課程一樣完全聚焦在某一主題，能夠一次性地介紹所有跟該主題有關的實用生詞，包含介紹了正式與非正式說法。D 學生表示：

……你們教我們的生詞很周全，就是没有節錄那個話題的一部分，這我覺得……越來越覺得是很大的問題，我們上課的時候……一般來説，學的生詞是那個話題的一部分，可是還有另外一些很重要的部分没有學，還有其他的生詞其實完全没有用，那個跟每天的生活没有關係，可是你們教的都是跟日常生活有很多關係。（訪談逐字稿記錄）

舉例來説，學生認為“套房”“雅房”“押金”這些關於租房的話題都是生活中很基本的、必備的生词，都是他們學中文學了一年半至兩年卻從來没學過的。

访谈也发现，高級學生學習生詞的難點除了聲調和發音以外，生詞的使用頻率也會大大影響掌握和記憶的強度，不常用的話很快就忘了。如 Y 生説的：

基本的内容越學越忘記，因為我們越學越難，基礎的基本的内容都忘記，因為没有機會複習，一直學新的難的。（訪談逐字稿記錄）

3.在課堂裡學生詞，跟在生活中學生詞的方式有何不同？

學生認為，正式課堂和日常生活都是學習生詞的來源方式。如 Z 生説的：“課堂和生活兩個都需要，可是課堂以外的話，怎麼學習呢？不容易吧！所以我喜歡這樣的課程，很有興趣。”W 生也同意：“對對對，上課的時候可以學到正式的中文，生活上學的話可以學到台灣人比較常用的。”課堂中能學到正式的用法，生活上可以學到地道的口語用法以及真正貼近溝通需求的實用詞彙。

4.在生活中學到的生詞，跟在課堂上學到的生詞，哪一種記得比較久？

D 生表示，課室内學習畢竟是經過設計的學習，在生活周遭看到的詞彙當時查了意思之後，没過多久可能就忘了。L 生則認為有些生詞若是自己主動而有興趣學習的，會比課堂上被動輸入記得久。N 生則表示要看是否需要那個詞，如果常常需要就不用特別等老師教：

……比方説“雞肉”，老師没説“雞肉”怎麼寫，可是我常常吃雞肉，所以我知道怎麼寫“雞肉”，不是上課的時候學的生詞。

學生的反饋顯示課堂教學的重要性，課程系統性地教學起了作用，加上教師講解和操練，幫助強化記憶，也記得比較久；有意思的是 W 生表示：

……上課的時候所學得的生詞，因為我的同學也都學到那個生詞，我們都知道，所以可以經常聽到那個生詞，常常接觸到。

因為上課學的生詞是同學都學會的，無形間形成一種同儕間的高頻詞彙群。

5.本次情境式課程上課方式哪部分最吸引你？

學生評價最高的是真實語料的使用，包括真實情境現場的錄音、網絡上相關主題的影片，因為這些都是母語者的日常對話，很有趣也很自然：

W 生：因為老師自己錄音的，youtube 也很好，都是當地人説的。

N 生：你們常常用很多網絡的東西，我覺得很好。

當教師詢問真實材料背景嘈雜的人聲音樂聲是否造成學習干擾时，學生表示：

L 生：……是啊，所以很吵，可是還是需要鍛鍊……訓練，其實我們上課聽的那種錄音都是很乾淨、很清楚的，而且很慢，因為我們已經習慣了又清楚又慢的那種錄音，所以去當地説話的時候，因為已經習慣很慢的話，若我們去商場的話，真的很吵，有時候，真的聽不懂。（訪談逐字稿）

學生對真實語料的使用的評價也反映了現行教材與真實語言使用的落差問題。首先，由於教材内容經修飾簡化，學習者缺乏接觸真實語料的鍛鍊，以錄音材料而言，通常語速慢並且語音乾淨清楚，語言使用可能不是自然的口語，因此學習者進到真實環境和母語者對話時，就會發現有很多困難。

而擬真情境的教學設置也得到了好的評價，學生對模擬跟房東協商屋況問題的活動記憶深刻，在小房間裡先看到房屋的情況、聽到屋裡的噪音，思考如何用中文表達然後立刻和屋主對話，若忘記説法也可以馬上由擬真情況表達清楚，並重新複習生詞，例如：

N 生：那個地方不太好，啊……怎麼説……

屋主（助教扮演）：你是説漏水的地方嗎？

N 生：啊……對對對，那個是漏水……

屋主（助教扮演）："不太好"是説牆壁壞了，所以才漏水，對嗎？

N 生：是……牆……壞了……

另外，學習者表示他們使用中文談話的對象主要為外籍生，彼此間的語速較慢，所知詞彙範圍也以課本中較為正式或限縮的詞語，跟日常中五花八門的對話形式也有落差，所以高級班學生談論複雜的話題時，即使在外籍生間交談無礙，但跟中文母語者就談不起來了：

Z 生：外國人的朋友一起講話的時候完全没問題，跟台灣人講話的時候，聽不懂。

W 生：……他們（台灣人）跟我們説你們（留學生）用的生詞都是差不多一樣的，都是正式的，没有口語的。

另也有學生提到課程一開始發的詞彙檢核表，認為該表也幫助他們自我檢核，並提供自學材料：

D 生：……像剛開始的時候，你給我們很多生詞的單字表，我把這些單子拍照以後，我看過我學過……可以看一看是什麼，我忘記了没。

6.課程是否符合你的期待？對課程有何建議？

學生表示聚焦主題的生詞教學中，包含了新的知識，以及很多學過的基本內容，不僅有複習機會，收獲也很多。

Z生：我覺得很有用，我第一天參加這個課的時候，其實已經學過的內容有很多，……但是發現我忘記的部分也是很多的，所以其實學到很多。（訪談逐字稿）

L生：很基本的文法怎麼用，對我來説很有用。因為我也是忘掉很多基本的，所以如果要説的內容比較長的話，很混亂，可是如果開這種實用的口語課的話我想上，現在的大部分的口語課，跟着課本上的內容，比較正式的不太實用的內容，……跟日常生活中用的那種對話比起來，如果我們在日常生活中對話，很多東西我不知道怎麼回答。（訪談逐字稿）

現有課程中的口語課，若只是依傳統的教室教學方式，來擴充高級學生的詞彙或句型語法的能力，對他們來説挑戰較少，因為在真實語境中充滿變化以及來自語用影響的語言形式，使用才是他們最想克服的難點，就如同D生表示的：

真的是一個很大問題，我們（指外籍生）一起聊天的時候真的是没有問題，連比較複雜的話題我們都可以，可是跟一般台灣人的時候就比較複雜。

至於對真實語料的取得，學生也提供了建議，有助於更聚焦在我們想要的教學內容上，D生建議：

錄音、真實的東西，真正狀况的對話是非常好，……比方説問你的朋友們跟租房子有關係的問題，然後你們偷偷地秘密地錄，他們的説法一定是自然的。

6.2 教師回饋

1.教材準備方面。

由於本研究未使用既有教材，因此教師的備課量較大，除了在網絡平台蒐尋適當的影片以外，也花了很多時間到情境現場錄音，並由教師自行篩選與剪接，留下較為清楚、語速適當者且內容聚焦於教學主題上的音訊。而口語發音太過含糊不清或背景音太嘈雜的、閒談過多的，即使真實自然，卻不太適合作為課堂教學之用。

此外課堂上的擬真教具需要花心思準備，例如在準備"逛街買東西"的主題時得蒐集當季的廣告單，擬真活動也要準備大量多種類的道具當作擺攤之用，許多教具都得上課前重新準備一次，無法延用之前的教具。此外分組進行擬真活動時，往往需要額外租借空間，才能分頭進行，換場布置也才能完整順暢，加上每堂課都要多花約半小時至一小時布置與收拾，就初次教學而言，教師的準備工作較多。

2.實際操作方面。

擬真式活動讓學生練習跟母語者互動協商,有機會運用所學並學習由情境而引出的擴充詞彙,同時亦足以激起學生的學習興趣,然而若能克服人力和空間問題,並縮短擬真情境時學生間換場的間隔時間,或給學生同時安排其他任務,可使活動效果更佳,也可使教師的課堂帶領更加簡便。使用真實的材料教學時,讓學生在教學指引下重複聆聽內容、向教師提問、學習語言形式和詞彙,足以捕捉真實情況下一閃而逝的可學習的瞬間,整體而言學生都表示學習到很多,亦給予正面回饋。

七、總結討論

本研究探討情境式華語教學的操作,並以任務式活動運用於華語詞彙教學。根據前述之理論基礎再經由教案設計及教學資源安排等層面,重新規劃適宜的華語情境式教學方式,並且藉由實際教學收集學生及教師的意見反饋,以期增加二語學習者的詞彙學習效果。根據上述的學生與教師意見反饋,本文從教材、活動與高級學習者的詞彙學習三方面總結本研究之成果與未來展望。

7.1　真實語言教材

學生對真實語料的使用有很高的評價,反映了現行一般的教材內容與真實語言使用的落差問題,缺乏接觸真實語料的鍛鍊。關於真實語料取得費時費力的部分,經由學生建議下次除了隨機錄音以外,亦改採訪問方式,例如詢問母語者找房時會注重的重點、跟房東溝通時常遇到的狀況,可能會比教師親自蒐集看房對話的語料更佳,蒐集到的內容也會更聚焦於教學內容,亦可增加學生的參與感。

7.2　情境式任務活動

課程中由許多活動貫串互動性高,生詞教學之後有各種形式的語境可以使用,可以感受到所學的實用性。然情境活動的課前安排需要教師事前的詳細規劃與問答設計,教師更可直接與商家店員、房東等真實的人員接觸以編寫更為合適的教學內容,或以電話方式安排學生與真實情境母語者對話,同時亦須確保活動能引出確切的目標生詞。

真實溝通時,主情境、子情境和擴充情境的出現往往是不定的,也與溝通參與者的個體差異性相關,設定的詞彙可能無法按照大綱中的情境階層性地出現,因此教師可將教案大綱當作備課時共同遵守的宏觀架構,而在實際教學時根據自己習慣的邏輯靈活調動情境的順序。

7.3 各程度詞彙教學

過去往往認為高級程度學習者的日常口語對話已無障礙，而應增加書面語的學習，然而通過此次學生意見反饋可知，如何使高級學習者和華語母語者在真實語境中使用充滿變化、受語用影響的語言形式仍是有待克服的難點；比較初中級學習者和高級學習者在口語測驗的表現亦可發現，初中級學習者使用課程內容之詞彙遠大過高級學刁者，高級學刁者則傾向使用多變的句型結合非教學目標之詞彙進行表達。由於使用了目標詞彙往往正確率較高，因此在情境式任務活動時可針對初中級學習者進行子情境（目標詞彙）的操練性問答，再實行一兩個擴充情境的提問，而高級學習者則可以子情境式問答來檢驗學習效果，而多使用擴充情境式的問答，增加任務的挑戰難度。

7.4 局限與展望

本研究此次招募對象以高級學習者居多，未來有必要再針對初中級學刁者進行試教，了解情境式詞彙教學在初中級班級的實際運用情況。同時此次的教學活動在擴充情境的效果收穫較少，其亦體現出擴充情境的變數較大，需要更細緻地規劃情境活動的流程、任務指導語和情境間的誘發連結，以設計出更具系統性、一致性的活動實施標準。

總而言之，此次教學實驗獲得了參與者的正向回應，學習者多認為活動與教材能引起學習興趣，且感受到教學內容與活動的擬真性與實用性；此外，該種教學設計能彌補一般語言課程在課室教學內容與真實語境間的落差，高級學刁者亦表達了對此類型口語課程的需求，可見除了加強高級學習者的書面語能力外，如何更加"口語化"來接近母語者的表達方式，也是高級學習者的學習目標。然而由於此教學法仍在初步試驗階段，其人力和空間的需求較高，未來若能設計出可重複使用的教具，並通過更加精確的規劃，便能解決種種課堂上的侷限，也讓華語情境式的教學不僅用於詞彙教學，而更加廣泛地應用於各種類型的華語課程中。

参考文献

陳冠良（2010）任務式教學法對學習者注意力之探討——以中級華語班學生為例，台灣師範大學碩士学位論文。

方　艷（2004）對外漢語教學中詞彙語境的設置，《北京教育學院學報》第3期。

黄永和（2009）情境學習與教學研究，台北：台北編譯館。

簡月娟（2012）"字本位"理論與對外華語文教學，《臺東大學人文學報》第1期。

靳洪剛（2006）《分組活動的教學形式及互動性探討——中文教學與研究論文集》，北京：北京語言大學出版社。

李如龍、吴 茗（2005）略論對外漢語詞彙教學的兩個原則，《語言教學與研究》第 2 期。

李如龍、楊吉春（2004）對外漢語教學應以詞彙教學為中心，《暨南大學華文學院學報》第 4 期。

林生傳（1998）建構主義的教學評析，《課程與教學季刊》第 3 期。

婁秀榮（1997）語境與對外漢語教學，《瀋陽師範學院學報》第 3 期。

邱貴發（1996）情境學習理念與電腦輔助教學——學習社群理念探討，台北：師大書苑。

王 淼（2006）第二語言偶然詞彙習得研究綜述，《吉林廣播電視大學學報》第 1 期。

吴中偉（2008）輸出、輸入和任務教學法，《華東師範大學學報》（哲學社會科學版）第 1 期。

信世昌、鄧守信、李明懿（2010）《華語教學基礎詞庫 1.0 版》，台北：文鶴出版社。

袁芳遠（2010）課堂任務條件和篇章結構對輸出語言質量和數量的影響，《第十屆國際漢語教學研討會論文集》，45(1)，67—88。

張 迪（2014）淺議對外漢語詞彙教學，《文學教育》第 1 期。

張 劍（2010）對外漢語詞彙教學中的語境設計，《科技信息》第 31 期。

張莉萍（2012）對應於歐洲共同架構的華語詞彙量，《華語文教學研究》第 2 期。

朱湘吉（1998）《教學科技的發展理論與方法》，台北：五南出版社。

Bereiter, C. (1990) Aspects of an Educational Learning Theory. *Review of Educational Research*, 60, 603 - 624.

Brown, J. S., & Collins, A., & Duguid, P. (1989) Situated Cognition and the Culture of Learning. *Educational Researcher*, 18, 32 - 42.

Cognition and technology Group at Vanderbilt University (1991) Technology and the Design of Generative Learning Environment. *Educational Technology*, May, 34 - 40.

Cognition and Technology Group at Vanderbilt University (1993) Anchored Instruction and Situated Cognition Revisited, *Educational Technology*, March, 52 - 70.

Collins, A. (1992) Toward a design science of education. In E. Scanlon & T. O'Shes (Eds.), *New Directions in Educational Technology* (pp. 15 - 22). New York: Springer-Verlag.

Cronin, J. F. (1993) Four Misconceptions about Authentic Learning. *Educational Leadership*, 45 (5), 38 - 40.

Collins, A., Brown, J. S., & Newman, S. (1989) Cognitive Apprenticeship: Teaching the Crafts of Reading. Writting, and Mathematics: L. B. Resnick(Eds.), Knowing, Learning, and Instruction: Essays in Honor of Robert Glaser (pp. 453 - 494). Hillsdale, NJ: Lawrence Erlbaum Associates, Publishers.

Ellis, R. (1995) Modified Oral Input and the Acquisition of Word Meanings. *Applied Linguistics*, 16(4), 409 - 441.

Ellis, R. (2003) *Task-Based Language Learning and Teaching*. Oxford: Oxford University Press.

Fosnot, T. C. (1996) *Constructivism: Theory, Perspectives, and Practice*. New York: Teachers College Press.

Jeong, H. J., Sugiura, M., Sassa, Y., Wakusawa, K., Horie, K., Sato, S., & Kawashima, R. (2010) Learning Second Language Vocabulary: Neural Dissociation of Situation-based Learning and Text-based Learning. *NeuroImage*, 50, 802 - 809.

Krashen, S.D. (1981) *Second Language Acquisition and Second Language Learning*. Oxford: Pergamon.

Long, H. M. (1985) Input and Second Language Acquisition Theory. In Gass, M. Susan, & Madden, Carolyn (Eds.), *Input and Second Language Acquisition* (pp. 377 - 393). Cambridge, MA: Newbury House Publishers.

McCarthy, M. (1990) *Vocabulary*. Oxford: Oxford University Press.

Paribakht, T. S. & Wesche, M. (1997) Vocabulary Enhancement Activities and Reading for Meaning in Second Language Vocabulary Development. In J. Coady and T. Huckin (Eds.) *Second Language Vocabulary Acquisition: A Rationale for Pedagogy* (*pp*. 174 - 200). Cambridge: Cambridge University Press.

Piaget, J. (1970) *Main Trends in Psychology*. London: George Allen & Unwin.

Richards, J., & Rodgers, T. (2011) *Approaches and Methods in Language Teaching*. Cambridge: Cambridge University Press.

Willis, J. (1996) *A Framework for Task-base Learning*. Boston: Addison Wesley Publishing Company.

(信世昌、羅悠理、黃筱婷,臺灣師範大學華語文教學研究所,hsins@ntnu.edu.tw)

Exploiting Lexical Properties for L2 Students of Chinese

Jerome L. Packard

Abstract This paper proposes lexical coding strategies that follow from experimental results demonstrating that the component of working memory known as Focal Attention (FA) is as robust in learners of Chinese as it is in native Chinese speakers. Lexical encoding that relies upon FA memory can be strategically employed by L2 learners of Chinese to improve the efficiency of their lexical storage and retrieval.

Keywords Chinese L2 vocabulary; focal attention; lexical storage and retrieval; working memory

1. Introduction—FA as a Critical Memory Component

This paper addresses the question of how we can improve Chinese second language learners' lexical storage and retrieval capability. This is an especially germane question given the intuition that second language students may appear to have a limited verbal working memory capacity in their L2 compared to their native language. The goal of this paper is to discuss how to utilize L2 learner memory capacity in a way that will make lexical information easier to both store and retrieve.

The basic strategy is to exploit the specific characteristics of L2 working memory as a means of making L2 vocabulary easier to process. One way to do this is when L2 learners encode or memorize lexical items, to have them utilize information that is to be incorporated within the domain of the Focal Attention (FA) component of working memory. In this way the locally-attached information remains within the scope of FA working memory because the information is directly attached to the lexical item where it can be directly processed.

Scholars who study memory are of different minds regarding what constitutes the content of FA, but they do generally agree that FA is that part of memory that requires the least cognitive effort. The results of the experiment of Packard and Qian (2016) support the view that the part of working memory that is not as good for second language learners is 'non-FA working memory' while the part of verbal working memory that is virtually the same as for native speakers is the FA component, consisting of the first 1500 milliseconds or so of speech perception. One of the results of that experiment is that second language learners' 'non-FA working memory' was found to be weaker than that of native speakers, but that second language learners' 'FA working memory' is equivalent to the FA working memory of native speakers of a given language. Therefore it is the non-FA working memory that is limited in L2 speakers, and it is the 'recent', FA component of working memory that is not limited in L2 speakers. In other words, the FA capacity of second language learners of a given language appears to be virtually the same as for native speakers of that language (Packard and Qian 2016).

For this reason, because FA in L2 learners is as robust as in L1 speakers, we should use the FA memory component as much as possible when engaged in lexical encoding. The model used here to illustrate memory operations is adapted from the version described by McElree (2006) as seen in Figure 1. The memory component is depicted by three concentric circles, with the largest circle on the outside representing long-term memory and the two circles on the inside representing working memory and Focal Attention respectively. The circle representing FA within working memory is the part of memory that is active and accessible within the conscious awareness of the L2 speaker. It is this FA memory component that may be focused upon and utilized by L2 language learners.

The result of the experiment of Packard and Qian (2016) was that the second language learners' FA memory was just as strong as native speakers' FA memory, while second language learners' non-FA working memory was less strong than the non-FA working memory of native speakers. These investigators found that second language working memory has specific limitations but that the FA component is just as strong in second language speakers as it is in native speakers. Therefore if we assume that FA memory is just as strong in second language learners as in native speakers, an optimum strategy for L2 learners may be to try to utilize the power of FA working memory to make L2 vocabulary easier to store and retrieve.

One way to make L2 vocabulary easier to process is to have L2 learners equip vocabulary items with locally-attached information that is limited in size and processed within the domain of FA when the vocabulary is encoded. In this way, the locally-attached component of vocabulary information is within the scope of FA because the information is attached as part of the lexical item and as a consequence does not take up large amounts of storage space or processing time but yet is more efficiently processed. As discussed in McElree (2006), it is possible to represent memory information in three possible states, either in LTM, WM, or in the current FA (see Figure 1), with each state associated with a distinct retrieval speed. Information that resides in LTM would be associated with the slowest retrieval speed, information within the span of WM would be faster than LTM but slower than FA and information within FA would be retrieved fastest of all.

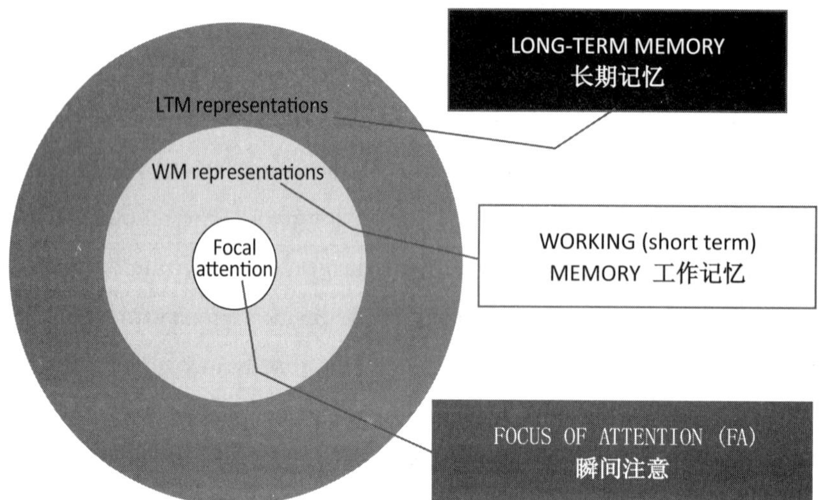

Figure 1 A Model of Memory containing a Focal Attention Component (modified from McElree, 2006).

The hypothesis being advanced here is that if information consists of one item within FA when encoded, it will be accessed more quickly when retrieved. The relevance for learning vocabulary is that the entry of information into the lexicon should be attached directly to the lexical item being encoded, because if it is attached to the lexical item at the time of encoding then it is attached while the lexical item is within the span of FA, and therefore initially stored during the period of time that FA is active, making it possible to retrieve it more quickly because it was within the span of FA processing when encoded.

The critical point here is that lexical encoding may represent the type of complex cognitive processing that depends on our ability to rapidly shunt information between FA and the other components of memory. According to this model (McElree 2006, p.177), vocabulary acquisition (lexical encoding) and retrieval may not rely upon a temporary memory store such as WM, but rather may depend more on our ability to shunt information rapidly between FA and LTM, with vocabulary retrieval requiring the restoring of passive representations (i.e., the lexicon) outside of FA to active processing.

2. Two-item lexical FA encoding

Typically the information processed in the hearer's FA will be the last item processed by the hearer. However, the contents of FA may consist of more than a single item if multiple items are encoded into a single 'chunk', in which case a single 'chunk' that contains more than one item may occupy FA. This is relevant to the lexical encoding of Chinese, because it might entail a two-morpheme Chinese lexical item occupying FA, causing the two-morpheme lexical item to be easier to encode and retrieve because it is located within FA. Under these conditions, not only do the vocabulary items being memorized possess the identities of 'word' — that is, words are the items that are to be listed into the lexical store — but they are also two-item chunks whose acquisition occurs within the span of FA, therefore making them easier to encode and retrieve. The specific hypothesis being advanced here is that an item encoded in FA will be retrieved more quickly because it was in the time-span of FA that it was initially encoded.

To give an example, imagine an item [A - B] (e.g., *chudian* contact-electricity 触电 'to get an electric shock') encoded as a unit within FA, compared with items [A and B] (e.g., *chu* 触 'contact' and *dian* 电 'electricity') encoded as single, separate units within FA. The question would be whether, e.g., the morpheme *dian* 电 'electricity' would be more easily retrieved under the [A - B] or the [A and B] encoding condition. The learner's ability to store and retrieve *dian* might be more efficient in the [A - B] condition than in the [A and B] condition, because under the former condition, both *dian* and its lexical contextual partner *chu* were encoded within the span of FA, while under the latter condition, only *dian* — and not *chu* — was encoded within the span of FA.

The advantage of FA encoding of *chudian* for the retrieval of *dian* lies in the fact that the two-item (two-morpheme) chunk (word) is encoded within the span of FA, with *dian* containing the added, contextual information of the presence of '*chu*'. Furthermore, the morpheme *dian* in additional two-morpheme lexical forms such as *dianying* electricity-shadow 电影 'movie', *tingdian* stop-electricity 停电 'power failure' and *dianshi* electricity-view 电视 'television' is better remembered and more easily retrieved because *dian* is encoded multiple times, with each instance of encoding being contextualized differently, but still occurring within the span of FA. This takes advantage of the fact that children learn to read and write Chinese characters better when their number and variety of morphological contexts is increased (Packard et al. 2006), and also utilizes the fact that the target morphemes within the word fall within the scope of the FA component.

In this way, the lexical collocation information of the morpheme *dian* is utilized by introducing it within several different words that contain the morpheme in different positions within the word. The result is that when this target morpheme is taught it can include different collateral lexical information occurring both to the left and to the right of the target morpheme. Learners of Chinese vocabulary are thus able to take advantage of the power of collocation information that naturally occurs in both the morphology and the syntax of Chinese lexical items (see, e.g., Packard 2018). According to general tenets of learning theory, imbuing data to be stored and retrieved with greater varieties of accompanying contextual information should increase the representational strength of the data entry, thereby making it easier to process and retrieve.

To summarize, the previous examples using *dian* illustrate the power of multiple collocations of word components that provide multiple contexts for the encoding of word and morpheme information. In order to facilitate the storage and retrieval of lexical items, we can use multiple sources of morphological information to serve as multiple storage and retrieval encodings within FA that will allow those lexical items to be more efficiently and reliably processed.

3. Effects of directionality in incremental build-up repetition drills

Another way to effectively use the FA portion of memory is to ensure that the target vocabulary item remains within the span of FA during speech processing and production. One way to do this is to have the target vocabulary item remain in that portion of the repeated phrase that is located within FA. For this reason, in so-called 'build-up' drills — in which items are incrementally added word-by-word to the phrase being built up — if the 'build-up' drill operates in the 'backward' direction, it is possible to keep the target item within the span of FA. Since in the case of 'backward build-up' the repeated item is the 'last to be produced' by the speaker and the 'last to be heard' by the hearer, the target item constitutes the content that occurs within FA for the hearer over multiple iterations. In 'backward build-up', the contents of FA are continuously and iteratively updated, increasing the likelihood that those specific FA memory contents will be retained.

To give an example, let us assume that the target item to be drilled is the Chinese word *wanfan* late-food 晚饭 'dinner'. In an incremental build-up drill, to keep *wanfan* in the position of FA it needs to be at the end of the phrase and the incremental build-up has to be in the 'backward' direction, that is, starting with the last word of the phrase and incrementally adding elements from 'right-to-left', moving from the end of the phrase to the beginning, until the entire phrase is produced. This would occur as follows:

backward build-up

wanfan	*chi wanfan*	*yao chi wanfan*	*bu yao chi wanfan*	*wo bu yao chi wanfan*
dinner	eat dinner	want eat dinner	not want eat dinner	I not want eat dinner

'I don't want to eat dinner.'

The same sentence, with *wanfan* moved to phrase-initial position (i. e., topicalized) to ensure it is repeated, using 'forward' build-up to produce it would yield:

forward build-up

wanfan	*wanfan wo*	*wanfan wo bu*	*wanfan wo bu yao*	*wanfan wo bu yao chi*
dinner	dinner I	dinner I not	dinner I not want	dinner I not want eat

'Dinner, I don't want to eat.'

It is clear that in the 'backward' build-up condition, the target word *wanfan* is repeated with each iteration, and in addition with each iteration the target word is not only repeated, it is also repeated in the position of 'recency', i.e., it is the last item produced, which places it within the span of FA with each iteration. In the 'build-up' drill, ideally, the goal is to keep the target item in the position of 'recency', which would be the position of FA.

In contrast, in the 'forward' build-up condition, since the target word is topicalized, it is repeated with each iteration, just as it is in the 'backward' build-up condition. A major difference, however, is that in the 'backward' build-up condition the target word *wanfan* occurs within the span of FA with each iteration because it is the last item produced in each iteration, while the target word in the 'forward' build-up condition is the first word to be produced in each iteration, allowing it to fall outside the span of FA memory. In addition, since 'backward' build-up has been shown experimentally to result in fewer errors produced by students than 'forward' build-up (Li 2018), the use of 'backward' build-up results in both optimum memory utilization and optimum production performance.

4. Conclusion – Utilizing Lexical Properties and Focal Attention

The take-away message of this paper is that teachers and learners of Chinese as a second language have at their disposal a working memory component known as Focus of Attention that is as robust in second-language learners as it is in native speakers, and therefore should be utilized to the greatest extent possible. In order to most effectively accomplish this, two tactics can be pursued in the L2 teaching and acquisition of Mandarin. The first is to select two-morpheme vocabulary items as targets for acquisition, and the second is to manipulate those items in a manner that keeps them within the span of FA. The first goal can be accomplished by selecting for acquisition a variety of two-morpheme words each of which contains the given target morpheme, and the second goal can be accomplished by implementing activ-ities such as 'backward build-up' that keep the two-morpheme target words located within the span of FA memory.

References

Li, You (2018) *Directionality Effects on L2 Sentence Build-up Drills in Mandarin*. Paper presented at the 30th North American Conference on Chinese Linguistics, Columbus, OH.

McElree, Brian (2006) Accessing Recent Events. In B. H. Ross (Ed.), *The Psychology of Learning and Motivation*, Vol. 46: Advances in Research and Theory (pp. 155 - 200). San Diego, CA, US: Elsevier Academic Press.

Packard, J.L. (2018) Memonics in the Chinese L2 Lexicon. *Taiwan Journal of Chinese as a Second Language*, 15(2), 53 - 64.

Packard, J. L., X. Chen, W. Li, X. Wu, J. S. Gaffney, H. Li, and R. C. Anderson. (2006) Explicit Instruction in Orthographic Structure and Word Morphology Helps Chinese Children Learn to Write Characters. *Reading and Writing* 19(5): 457 - 487.

Packard, J. L. and Z. Qian. (2016) A Working Memory Explanation for Recency Effects in Mandarin Second-language Sentence Processing.《世界汉语教学》(*Chinese Teaching in the World*), 30 (1): 75 - 100.

(Jerome Packard, East Asian Languages and Cultures,
University of Illinois at Urbana-Champaign / U.S.A., jpackard@illinois.edu)

国际远程汉语讨论课中母语学生的语言管理意识*

——语言接触场面 NS 与 NNS 角色对比分析

砂冈和子

提　要　随着全球高等教育单位持续增加国际学生，在教场上母语与非母语学生相接触的机会越来越多。本文以国际远程汉语讨论课作为观察对象，以语言管理理论作为分析框架，对 NS 与 NNS 的语言产出过程进行对比描述，将探讨他们的语言管理能力以及所扮演的角色。分析结果发现 NNS 以体态语等作为辅助交流手段，成功扮演一个共生情感的中介人角色。而汉语 NS，再分语言接触经验丰富的 NS-E 与没有经验的 NS-N。NS-E 就无意识地采取各种沟通策略，经常监测信息传输情况，会调节语言沟通上的障碍，而 NS-N 就没有管理语言的意识。

关键词　远程外语学习；语言接触；互动；NS/NNS；语言管理

一、研究目的与分析方法

笔者从 2001 年开始，在合作单位的支持下，通过视频会议于北京、台北、东京、横滨、北九州五地之间长期实施"亚洲学生远程讨论课"（简称"远程讨论课"）。此课程是 English Cross Cultural Distance Learning（CCDL）的汉语版。CCDL 与传统由教师主导的课堂相比，基于建构主义学习理念，以真实与母语学生同步互动作为教学资源，让学生学会激发主动性，为增强跨文化沟通能力创造良好的环境。由此参加 CCDL 英文课程的同学一直保持足够的学习动机，与其他 L2 英文课的学生相比，他们的英语水平及社交技能（social skills）提高得更快（Yoshida S.，et al.，2013）。

随着各地交流单位国际学生持续增多，最近参加"远程讨论课"的学员以汉语为母语学生（NS）或华裔学生（Ethnic Chinese，EC）逐年增多，使得汉语非母语者（NNS，日语或英语等母语者）变得少数。结果施行 16 年来，汉语讨论难度明显提高（砂冈和子

---

* 本文在 ICCSL－14 会议（山东济南，山东师范大学，2017 年 10 月 15 日）上以"国际远程课堂中学生的语言能力与跨文化沟通能力发展分析"为题做特邀演讲，本次发表做了适当修改。在会上受到诸多老师的指教，在此一并致谢！

等,2015)。NNS 学生在汉语表达能力处于劣势的情况下,如何与言语能力更胜一筹的 NS 进行讨论? NS 学生在讨论中扮演何种角色?

目前第二语言习得的研究以非母语者为对象,NS 如何与 NNS 互动提升他/她的语言能力的实证性论文甚少,有关远程教学环境中的更为少见。本文发自这些研究关心,基于跨文化接触场面语言管理(language management in contact situations)的概念(后述),在跨文化远程汉语教学环境中,NS 与 NNS 所扮演的角色进行对比分析。

二、分析理论架构与前先研究

本文将语言管理理论架构中的微观层面应用于网络外语教学的研究。他们认为语言学习作为一场不同语言接触的社会现象,语言参与者之间可以通过互动解决问题(Neustupny, J. V., 2004)。比如在教室现场中,教师与学习者或学习者之间共同管理其语言接触的场面,双方可以提供语言接触所发生问题的解决方案(宫崎里司,2009)。

关于 NS 与 NNS 在语言接触场面所采取的交际策略,柳田直美(2015)基于日语 NS 与学日语 NNS 相接触场面进行分析就指出:一般 NS 无论与 NNS 接触体验多少,对 NNS 之表现都会有一定的宽容态度。其中与 NNS 接触经验丰富的 NS-E(Native Speaker-Experienced,即有日语教师经验的)无意识地采取各种协商策略,如经常监测双方信息传输是否顺利、能否对其正确理解等。基于这种观察,NS-E 会主动调节自己的行动,来减轻与 NNS 的沟通障碍。而没有与 NNS 接触的 NS(无日语教师经验的)就没有管理意识,不知如何掌控语言接触的场面。本研究根据跨文化接触场面的语言管理理论分析 NS 与 NNS 在互动中发挥的语言能力①。

三、材料分析与结果整理

主要依据两次“远程讨论课”的视频材料进行分析:一次是 2016 年 5 月 19 日由 4 所大学主办的“养宠物的经验”讨论会(简称“养宠物讨论会”,表 1);另一次是 2016 年 6 月 30 日由 3 所大学召开的“课堂总结”讨论会,其材料用以了解参加者意识的旁证材料。

---

① 本文的“语言能力”采用 CEFR 的定义,分为“一般语言能力”和“语言交际能力”。前者包括知识、技能、个性、学习能力等。后者包括语言学能力、社会语言学能力以及语用能力。

“养宠物讨论会”是一次同学笑脸最多的会议(Sunaoka,2018)。笑脸是NS与NNS感情共鸣才会出现的一种合作产物。通过笑脸的分析可知NNS如何成功地与NS共鸣的过程。于是我们基于脸部表情的分类标志(Y. Goutsu,et al.,2015),将所有学生的笑脸表情进行识别后再筛选其中半数以上学生变成笑脸的镜头[①],加以分析和整理后得出两组共15件“笑点(即笑脸出现的谈话焦点)”[②]。

表2(A组)为NS之内引起笑脸的共6件,表3(B组)为NS与NNS间形成共鸣而引起笑脸的共9件。两组相比后发现B组的“笑点”多于A组,而且B组引起笑脸的发言人半数以上(5件)是由NNS学生引起的。

表1 2016年5月19日参加讨论的学校与学生

单位	NS(MorF)	NS-EC	NNS	Total
早稻田大学东京校园	2(M1/F1)	1(F)	2(M1/F1)	5(M2/F3)[③]
早稻田大学北九州校园	4(M2/F2)			4(M2/F2)
北京大学		1(M)	1(M)	2(M)
台湾师范大学	2(M)			2(M)
Total	8(M5/F3)	2(M1/F1)	3(M2/F1)	13(M8/F5)

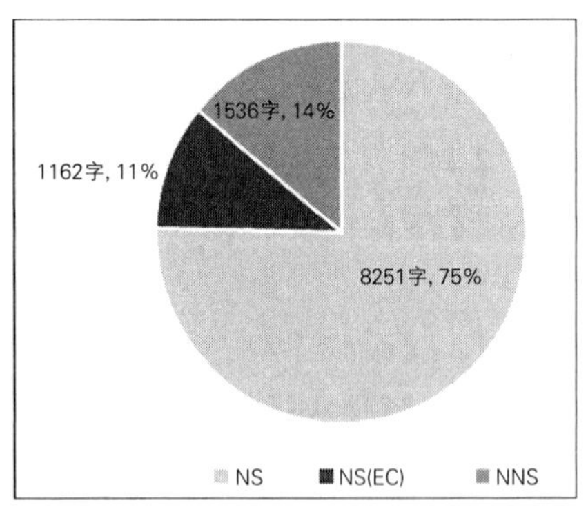

图1 NS与NNS的发言量(字数)及占比

图2 2016年5月19日学生笑脸镜头

① 此次会议参加者共13名,因此采取超过6名以上笑的镜头,5名以下就没有采纳。

② 据笑脸特征的研究,以先开唇部后到眼角,笑逐颜开为快乐情绪的笑脸。近年可利用先进的表情测量技术,因我们目前没有此类设备,本文只能用肉眼进行识别。

③ M和F分别表示Male(男性)、Female(女性)。

事实上，除了“笑点”B2 和 B3 外，另外在 A6、B4、B7、B9 处后段也出现了 O 同学的笑脸。他对有些词汇的反应比其他 NS 慢（如“吃撑死”[A1]、“贴吧”[A2]、“不靠谱”[A2]、“猫界的宋仲基”[A6]、“豹子”[B4]、“发情”[B7]等），但随着谈话的进展他渐渐听懂后开始笑。将网速时间差影响到远程课的效果考虑在内的话，这说明他的听力水平已足够与 NS 顺利进行讨论。至于韵律、词汇与语法等运用水平还不够。尽管 NNS 在“一般语言能力”上如此受限，但他们以积极负责的态度参与一连串的交流活动。上述 NNS 学生发言所引起大家的笑脸将证明他们在会上成功发挥了“语言交际能力”，扮演一个共生情感的中介人角色。

五、NS 所扮演的角色

5.1 NS-E 有关语言管理的意识

NNS 能够参与讨论离不开 NS-E 的 Floor support。参加“远程讨论课”的 NS 里头，T1、T2（台师大研究生[①]）可代表 NS-E。比如上述从第 1 段到第 4 段，这几段对话链中，T1 作为主持人，一直注意全体会员有无举手要发言的。再如第 1 段在 O 同学发言时只有 T1 无意识地频频点头表示“了解”。其实 T1 的这些体态语不一定在对方的视频上看得清楚。

再有 T2 把视线放到发言人的方向，随时准备帮助发言有困难的同学。T1 与 T2 的提问方式颇有风趣且简短，除了上述 B2、B3 处外，还有在 B1 处一名 NS 说“金鱼一个晚上都死掉”之后，T2 就问“请问一下是怎么死的？”。在 NS 回答后又告诉她“是，鱼不好养，要很注意水质的那个清洁”等回话来激活讨论的气氛。在 B4 上，T1 听到 S 同学（NS）说“同学家里养一只豹子”后就问“你的同学现在还好吧？”，使得大家都笑起来。可见 NS-E 有能力预测和判断非母语者的理解程度以及他们产出的语言水平，在调节自己语言产出的水平的同时，还经常监测双方信息传输是否顺利，可以具体提出支援方案（柳田直美，2015）。有一名台湾同学在“课堂总结讨论会”上的反馈意见可以证明 NS-E 对他人的发言行动很敏感。她回顾自己参加讨论会的体会说，这样（即跨文化讨论）可以帮助我们去倾听别人讲话，也让自己学习时知道我们应该做些什么。

---

① 台湾学生都是汉语教育专业的研究生，已有教汉语的经验。“学生讨论会”是他们教学实习的一环。然而我们要求他们在会上以学生的身份发言。因此他们的表现是无意识出现的，而没有扮演一名汉语教师的角色。

5.2　NS-N 对语言管理的意识

早大北九州校园的会员(J1、J2、J3、J4)都是信息工学专业的研究生，校园里 90%的学生为来自海外的留学生，所以与 NNS 接触得很少，他们可属于(Native Speaker-Non experienced:NS-N)。讨论会上一般他们发言比 T1、T2 的长得多，无意识地使用不为 NNS 所知的词汇。比如(表 2)A 组“笑点”A5 中，J1、J2、J3、J4 纷纷介绍在中国与日本所看到的新鲜事物。不过他们说话过快，还含有“遛猪、遛鸭子、遛羊驼”等，结果 NNS 听不太懂，笑不出来。他们往往滔滔不绝地独讲，却没有留意到对方是否理解了自己的发言，也没有注意 NNS 是否理解的回应，或打算去确认，更想不到修正自己的发言，导致难以与 NNS 形成共鸣(柳田直美，2015)。“课堂总结讨论会”上 J3 说，“觉得这门课的目的(了解来自不同地方的人们的想法)是达到了，甚至超过了自己的想象。其他没有什么困难”，从这几句话中可见一斑了。

S 同学算为 NS-N 与 NS-E 的中间。他是来自中国的留学生，在早大参加用英文讲课的课程，不会说日语。他第一次参加“讨论课”时，很少开口发言，不喜欢与日本同学交流，而且用日语的讨论课他就缺课不参加。2016 年春期，他继续参加这个课程。经过两年与其他地区的学生密集交流后学会了沟通，参加的态度有所变化，接近了 NS-E 的水准。他不仅在“养宠物讨论课”上共有 4 件“笑点”(即表 2(A 组)A6，表 3(B 组)B4、B6、B9)引出其他同学的笑脸，还主持了“课堂总结讨论会”。可见 S 同学通过一年半与他人协调互动的实践，会表达自己的内心感情，对跨文化沟通的态度比以前有所提升。

S 同学与北九州校园的同学一样，当初选这门课的目的是多了解、体验不同的文化。他这个目的“已经达到，甚至超过了他的想象”，他还建议“这堂课可以增加多一些有争议性的话题，这样可能会变得更有意思”，但没提到如何与非母语者更好地讨论。NS-N 因与 NNS 的接触少，体察不到他人如何调节自己的内部结构逐渐顺应另一个认知结构的过程。

六、小结与对教学的启示

6.1　小结

设于亚洲华语圈的“远程讨论课”最近以汉语为母语的学生逐年增多。本文依据语言管理理论，用一次同学笑脸最多的视频会议作为分析的主要材料，另用一次“课堂总结讨论会”的学生反馈意见作为旁证，分别对 NS 与 NNS 的语言产出过程进行对比描述，探索 NS 参加“远程讨论课”的意义以及他们在会上要扮演的角色。

分析结果发现，尽管 NNS 对用汉语发言有心理压力，但与语言接触经验丰富的 NS-E 协调互动，成功扮演一个共生情感的中介人角色。笑脸最多的一次视频会议可以证明 NNS 学生引起的笑脸比 NS 的还要多。NS-E 是“论课”的主角，他们基于丰富的语言管理经验，无意识地预测和判断非母语者的理解程度以及他们产出的语言水平，会调节自己语言产出的水平。同时还经常监测双方信息传输是否顺利，随时提出具体的解决方案。

6.2 对汉语教学的启示

当初 NNS 选这门课的目的是都希望在真实的语言环境中，提高他/她的中文表达能力。实际上他们“在会上用汉语发言总感到一种心理压力”。而 NS 在这里讨论就有“在家里面谈话一样的感觉”，“可以得到一个安心感”(引自“课堂总结”感想)。可见对母语学生来说，汉语讨论易如反掌。他们主要目的在于跨文化交流。NS 在语言表达能力及民族文化知识上都占绝对优势，互动需要共同管理语言接触场面的意识。管理规范应立足于多元文化和语言，同时在不脱离社会习俗及语言习惯的范围内以重情感轻理性的宽容框架(宫崎里司，2009)。此理念可为今后多元文化背景下发展的国际远程教学设置提供操作性的支撑。NS 与 NNS 在跨文化语言接触场面下，将语言管理权开放给 NNS，双方作为当事者平等进行管理。这样大家都在轻松愉快的气氛中畅所欲言，会促使 NNS 的语言能力提高。同时可为国际汉语教师及国际业务人士与 NNS 进行协商提供有效沟通策略。

参考文献

Goutsu Yusuke、Takaki Kobayashi、Junya Obara、Ikuo Kusajima、Kazunari Takeichi、Wataru Takano and Yoshihiko Nakamura (2015) Multi-modal Gesture Recognition Using Integrated Model of Motion, Audio and Video, *Chinese Journal of Mechanical Engineering*, Vol. 28, No. 4, 2015.

Kazuko Sunaoka (2018) Interactive Mode of Non-Native Speakers in International Long-Distant Class Discussion—A Research Based on Smiling Face Features, *Technology-Mediated Chinese Language Teaching*, Massey University.

Satoshi Yoshida and Michiko Nakano (2013) *Assessing the Use of Cross Cultural Social Skills, in the Context of Computer-Mediated Communication Activities*, Infonnation Communication Technology Practice & Research 2012，大学英語教育学会(JACET)ICT 調查研究特別委員会。

砂冈和子、马 燕、施信余 (2015) 国际远程教育的实践与经验——以“亚洲学生远程会议”课程为例，《中文教学现代化学报》第 8 期。

砂冈和子（2016）移动通信终端促成远程讨论参加者间形成合作学习作用分析，*Journal of Technology and Chinese Language Teaching*，Vol.7(1)，pp.43－55。

中野美知子、中泽真、小泉大城、近藤悠介、平津茂一（2013）早稲田大学のCCDL（Cross-Cultural Distance Learning)授業におけるネットワーク通信品質(QoS)の影響とその学習効果について，lnfonnation Communication Technology Practice & Research 2012，大学英語教育学会(JACET)ICT調査研究特別委員会。

Neustupny，J.V.（2004）「言語管理理論の歴史的位置」『接触場面の言語管理研究』3：1－7.言語管理研究会。

宮崎里司（2009）第二言語習得研究のパラダイムシフト－「共生言語」および「同化」に関する概念の再考察－日本言語文化研究会論集第5号。

柳田直美（2015）接触场面における母语话者のコミュニケーション方略：情报やりとり方略の学习に着目して，ココ出版。

（砂冈和子，日本早稻田大学，ksunaoka@gmail.com）

汉语国际教育案例资源研究与建设*

侯　磊

提　要　教学案例在汉语国际教育专业硕士研究生、本科生培养及师资培训中具有不可取代的作用。案例资源建设的过程是对教学行为与教学过程的反思和总结，汉语国际教育案例需要突出海内外汉语教学的真场景与真问题，从多种角度帮助学习者提高发现问题、分析问题与解决问题的能力。通过对汉语国际教育硕士与本科课程进行研究，探讨信息化环境中汉语国际教育文本案例与视频案例资源的形式、内容、要素、类别、开发流程以及案例库的结构特点与资源组织方式。

关键词　汉语国际教育；案例资源；文本案例；视频案例；案例库

一、研究背景

教学案例一般是由一线教师和研究者发现、整理的典型教学事件，虽然看似普通，但具有特别的价值与启发意义，在教学中发挥着不可取代的作用。自 19 世纪 70 年代哈佛法学院率先使用案例进行教学以来，案例在法学、医学教学与研究中率先得到认可，随后哈佛商学院专门组织专家和教师进行案例的开发和研究工作，新闻、图书馆、电子商务等行业的教学与培训工作中也开始使用案例。案例教学在我国起步较晚，目前，案例的运用范围、呈现方式和一些发达国家相比仍然比较落后，但已经开始得到工商、医学、法律等学科的关注。2013 年，“中国专业学位教学案例中心”建设工作正式启动；2015 年，教育部出台了关于加强专业学位研究生案例教学的意见，国务院学位委员会第三十一次会议中对案例教学做了专门的说明；2017 年 7 月，中国专业学位教学案例中心第一届案例教学高端论坛暨案例开发研讨会在北京召开。这充分表明案例资源建设已经得到教育主管部门及专家、学者的重视。

教学案例在汉语国际教育专业硕士生、本科生培养及国际汉语师资培训中具有不可取代的作用。案例可以帮助学习者理解知识，体验真实课堂，进行自主学习，提高课堂学习效率。目前，语言教学与传播更具信息时代的特点，汉语教学已经从“请进来”到

* 本文为山东省研究生教育质量提升计划建设项目“汉语国际教育硕士留学生专业学位课程教学案例库”与山东师范大学教改项目“跨文化视野下的汉语国际教育复合型人才培养模式研究”的阶段性成果。

"走出去",创新教学理念,将国内外汉语教学的真实问题以文本或视频案例的形式呈现给学生,可以帮助他们了解真实的汉语课堂教学、活动组织、文化传播和跨文化交际问题。汉语国际教育专业硕士生及本科生的很多课程都需要大量的教学案例,以汉语国际教育硕士的核心课程、模块拓展课程和训练课程为例,汉语作为第二语言教学、第二语言习得、汉语课堂教学案例、跨文化交际、中华文化与传播、汉语语言要素教学、中外文化交流专题、教学设计与教材分析、汉语国际推广专题、教学基本技能训练、课堂观察与实践、教学测试与评估等课程均需要大量的案例资源。除此之外,汉语国际教育专业本科课程中的对外汉语教学概论、对外汉语教学法、对外汉语教学语法、跨文化交际、汉语国际推广专题等课程也需要汉语国际教育案例资源的支持。

汉语国际教育案例资源的研究、开发与我国工商管理、法学等学科的案例建设相比,虽然存在一定的差距,但已经取得了可喜的成果。近几年,业内的专家、学者对案例的研究主要关注案例开发、案例教学、教学案例库建设、案例评析以及其他专业的案例库对国际汉语教学案例库的启示等方面。央青(2012)从宏观角度探讨了汉语国际传播、案例教学及案例库构建的问题。朱勇(2013,2015)提供了很多案例,这些案例可以帮助学习者促进教学反思,提高发现问题、分析问题和解决问题的能力。叶军(2015)共收集了 41 个国际汉语教学案例,并附有详细的点评,反映了国内外汉语教师对教学过程的思考,给学习者很多启示。国内的一些高校、网络孔子学院和公司运用各自的优势在汉语国际教育案例教学及案例资源建设方面做了很多尝试和努力。

由于汉语国际教育案例资源还处于研究探索阶段,仍然存在一些问题:(1)汉语国际教育案例以文本案例为主,视频案例极度缺乏,已有的少数视频案例中大多是汉语课堂教学录像或模拟课堂的录像,真实课堂,特别是海外课堂教学案例相对较少,更缺少配有文字解释或使用说明的视频案例;(2)有关汉语语言要素教学的案例较多,课堂教学管理、跨文化交际以及汉语师资成长的案例较少;(3)汉语国际教育教学案例库处于研究探索阶段,很多案例没有公开,教师查阅、下载受到限制,即使公开的案例,通过查询,在最短的时间内搜索到既定目标也不太容易。因此,案例建设难以满足新形势下的汉语国际教育需要。在教学中,一些任课教师不得不根据教学需求自己撰写、收集少量案例,但由于课程类型、教学内容及共享渠道等问题,通常无法直接提供给其他教师及学生使用,难以满足汉语国际教育专业硕士生、本科生、汉语国际师资培养与教学研究的需要。

在此背景下,探讨信息化环境中汉语国际教育案例资源建设的形式、要素、类别、方法及开发流程,研究案例库的结构、特点、资源组织方式非常必要。我们做了一些努力和尝试,通过对汉语国际教育专业硕士及本科课程内容进行研究,在案例选题、设计、文本撰写、视频制作方面突出专业特点和教师教育特点，要求所选案例反映汉语教学的真实场景与问题情境，对汉语教学具有启发性和指导意义。借鉴其他学科案例资源建设经验，整合汉语国际教育教学案例资源，探索利用现代信息技术建设汉语国际教育案例库，主要包括文本案例库和视频案例库，分别包含汉语教学案例子库和文化与跨文化交际案例子库等。

二、汉语国际教育案例资源的形式、要素与类别

案例是经过精心选择而编辑起来的材料，是对具有一定代表性的典型事件的客观描述，案例常以特定的理论做支撑，含有能够引发思考的问题。汉语国际教育案例设计需要注意的是，案例需来自真实的国际汉语教学实际，体现培养目标，满足教学需要。

2.1 汉语国际教育案例的形式

1.文本案例。

文本案例是汉语国际教育案例最基本的形式，以文字叙述的形式呈现，从二三百字至几千字不等，其焦点问题突出，学习者比较容易把握。此类案例使用方便，对教学条件要求不高，只需要纸本材料即可，因此，不必受到教学设备和场地的影响。

文本案例虽然使用便捷，但有时解读和写作容易出现一定的偏差，部分信息在案例撰写的过程中也容易丢失，无法全面地反映真实场景，学习者现场体验感较弱。

2.视频案例。

相比文本案例，视频案例的可视化更强，更加生动和有趣。在“读图时代”，视频案例能够促进学习者的观察、反思与总结，更容易吸引年轻的学习者。现在的学生就像网络原住民，其平台高、眼界宽，具有很强的探究意识和创造力，常常不满足单一的纸本材料，更倾向视频、音频等多媒体材料，并愿意参与到教学活动中。视频案例很好地体现了这些方面，它能提供语言与非语言信息，带入感和体验感更强，可以更加真实地还原、呈现课堂和事件发生的场景，使人有身临其境的感受，并且可以反复再现现场。

其实，两类案例各有利弊，文本案例将视频案例中需要呈现的思想和理念用文字更加直接地陈述与表达出来，让学习者更好、更快地把握问题所在。视频案例则更具视觉冲击力，带给学习者不一样的感受。在多媒体时代，语言教学与传播具有信息时代的特点，案例呈现形式可以更加多元，在教学中合理运用文本案例和视频案例，取长补短，互相补充，带给汉语国际教育硕士生、本科生真实情景的体验感，有助于其理解专业知识，提高学习效率。

2.2 汉语国际教育案例包含的要素

一般的汉语国际教育案例包括标题、作者、修改人、地区、地点、教学对象、汉语水平、课型、关键词、所属类别、案例正文、附件、案例分析要点和思考题等要素。

表1 案例要素

标题	简明、准确、吸引人
作者	案例撰写者
修改人	对案例进行修改、整理者
地区	中国、韩国、泰国、美国等国家和地区
地点	学校、商店、机场、教堂等
教学对象	国籍、职业、特点等
汉语水平	零起点、初级、中级、高级或者运用HSK进行标注说明
课型	综合、口语、阅读、听力、写作、文化课等
关键词	三至五个
所属类别	语言要素、教学法、跨文化交际等
案例正文	案例的主体
附件(辅助材料)	图片、补充阅读材料等
案例分析要点	可以是详细的案例分析,也可以是案例分析提示要点或题目
思考题	二至五个与案例内容相关并且具有启发性的题目

在案例整理的过程中需要灵活处理以上要素。这些要素是否在同一个案例中同时出现需要根据案例的形式和内容决定。例如,一个跨文化交际事件可能发生在日常生活中,这类案例就没有必要提供课型等信息。需要注意的是,标题、教学对象的信息、关键词、类别等因素虽然不属于案例正文,但在案例教学中具有非常重要的提示作用,案例使用者通过这些信息可以在案例库中准确地查询到所需案例,通过地区、教学对象及课型等信息也能够在阅读案例之前了解案例所涉及的信息,这些信息对理解案例、抓关键点很有帮助。另外,一个比较完整的案例应该有案例分析提示或者分析要点,这有助于学习者正确理解和分析案例,从中得到更多的启示。

2.3 汉语国际教育案例的类别

汉语国际教育案例从内容上可以分为课堂教学案例、课堂管理案例、文化传播案例、跨文化交际案例、国际汉语教师综合素质案例等。

1. 课堂教学案例。

汉语国际教育案例资源建设关注较多的就是语言要素教学和语言技能教学，除此之外，教学设计、课堂教学方法与技巧、课堂及课外教学活动等内容也是不可或缺的内容。

表2 案例类别

语言要素教学	语音、词汇、语法、汉字教学
语言技能教学	听力、口语、阅读、写作教学
教学设计	涉及教学对象分析、教学环境分析、教学目标设定、教学内容展示、教学策略运用、教学资源的选择与应用、教学环节分析、教学效果评价等
课堂教学方法与技巧	任务式、互动式、体验式、游戏教学法等
教学活动	猜谜语、唱中文歌、分角色扮演、讨论、辩论、采访等

2. 课堂管理案例。

课堂管理主要指课堂纪律管理、突发事件处理、师生及生生关系、教学环境及课堂气氛营造等。如课堂纪律管理案例涉及汉语课堂上如何制定规则与群体规范，怎样约束学生的行为，针对迟到、旷课、课上学生精力不集中等问题的引导措施和处理方法等。如果是针对国内的对外汉语课堂，还需要充分考虑同一个班级中不同文化背景的学生，需要关注跨文化交际问题。同样的问题如果处于海外的教学环境，采用的方式方法必须考虑当地的文化、观念及教育政策等，特别是宗教信仰等比较敏感的问题，在案例设计与整理时需要特别关注这些与国内汉语课堂的不同之处。

3. 文化传播案例。

文化传播案例主要分为文化展示活动案例和文化体验活动案例，两者都包括活动的主题、内容、形式、目标、参加的对象、互动项目、时间安排、活动地点、活动准备、宣传形式、活动流程、注意事项及活动总结等。文化传播案例需要突出文化活动的组织安排、问题预设、解决方案等。

4. 跨文化交际案例。

跨文化交际案例主要包括语言交际、非语言交际、价值观、跨文化适应、跨文化沟通技巧、多元文化意识、敏感问题处理等内容。跨文化交际案例既包括小案例，也包括普通案例和大案例。这儿所说的小案例，“小”首先是指篇幅小，大概300字以内，课堂内外发生的、能引发思考的小事件，或者文化冲突的一个点，都可以形成一个小案例；汉语国际教育案例的绝大部分为普通案例，这些案例能够比较全面地反映事件发生的过程，字数大概在400字至2000字；汉语国际教育大案例的字数在2000字以上，包括时间、地点、人物及结果的详细交代，能够比较全面地叙述整个事件发生、发展的完整过程，问题的解决对策及结果，涉及的理论思想与启示等，但不一定需要像管理类的典型案例，它们一般要求10000字左右，甚至20000字以上。

5.国际汉语教师综合素质。

此类案例关注基本的国际汉语教师评价标准，主要包括有关国际汉语教师的汉语知识与技能、运用外语进行教学与沟通的能力、教学方法与技能、课堂管理能力、反思意识、主动性与亲和力、国际汉语教师的责任感、文化与跨文化知识与能力、敏感问题处理方法、突发或紧急情况应对措施及心理素质等。

除此之外，汉语国际教育案例还应该包括一些汉语国际推广案例、国别化教学案例等。

三、案例开发流程与案例入库

汉语国际教育案例主要来源于一线对外汉语教师、海外汉语教师、志愿者、汉语国际教育专业硕士生撰写的文本案例及制作的视频案例，另外，也包括少部分增加注解和说明的影视片段。从案例设计到案例的完成、运用和完善，再到最后案例库的呈现，是在教学实践中不断探索的一个漫长的过程。

此流程图只是汉语国际教育案例开发与建设的基本流程，不同类别的案例，其具体操作过程有所不同。以视频案例为例，普通的教学视频资料并不能称为视频案例，我们需要把真实课堂实录、模拟课堂录像、微格教学视频、交际场景模拟视频、影视片段等通过设计、分析、筛选、剪辑、合成、制作、增加文字说明等环节，将视频资料变成具有典型性、问题性、启发性、反映情景的真正的视频案例。汉语国际教育视频案例建设还处于研究探索的过程中，目前还没有统一的标准，不同内容的视频案例，其组织形式也有所不同，如文化传播类视频案例首先需要确定主题，设计活动，在具体实施的过程中拍摄，筛选素材，然后再进行后期剪辑、增加字幕说明等步骤。如果是跨文化交际类的视频案例，在确定主题和内容设计之后，还需要设计任务、场景，撰写脚本，模拟表演，拍摄录像，最后再进行后期剪辑制作才能完成。

案例收集、选择、整理等步骤完成之后的主要任务就是案例入库，案例库实现案例资源的动态更新及交互。

汉语国际教育案例库主要包括汉语国际教育文本案例库和视频案例库，分别包含以下两个子库：一是汉语教学案例子库，包括语言要素、语言技能、教学方法、教学活动、课堂管理及国际汉语教师素质等内容；二是文化与跨文化交际案例子库，包括文化传播与跨文化意识、跨文化适应、敏感问题处理、突发情况应对策略等内容。

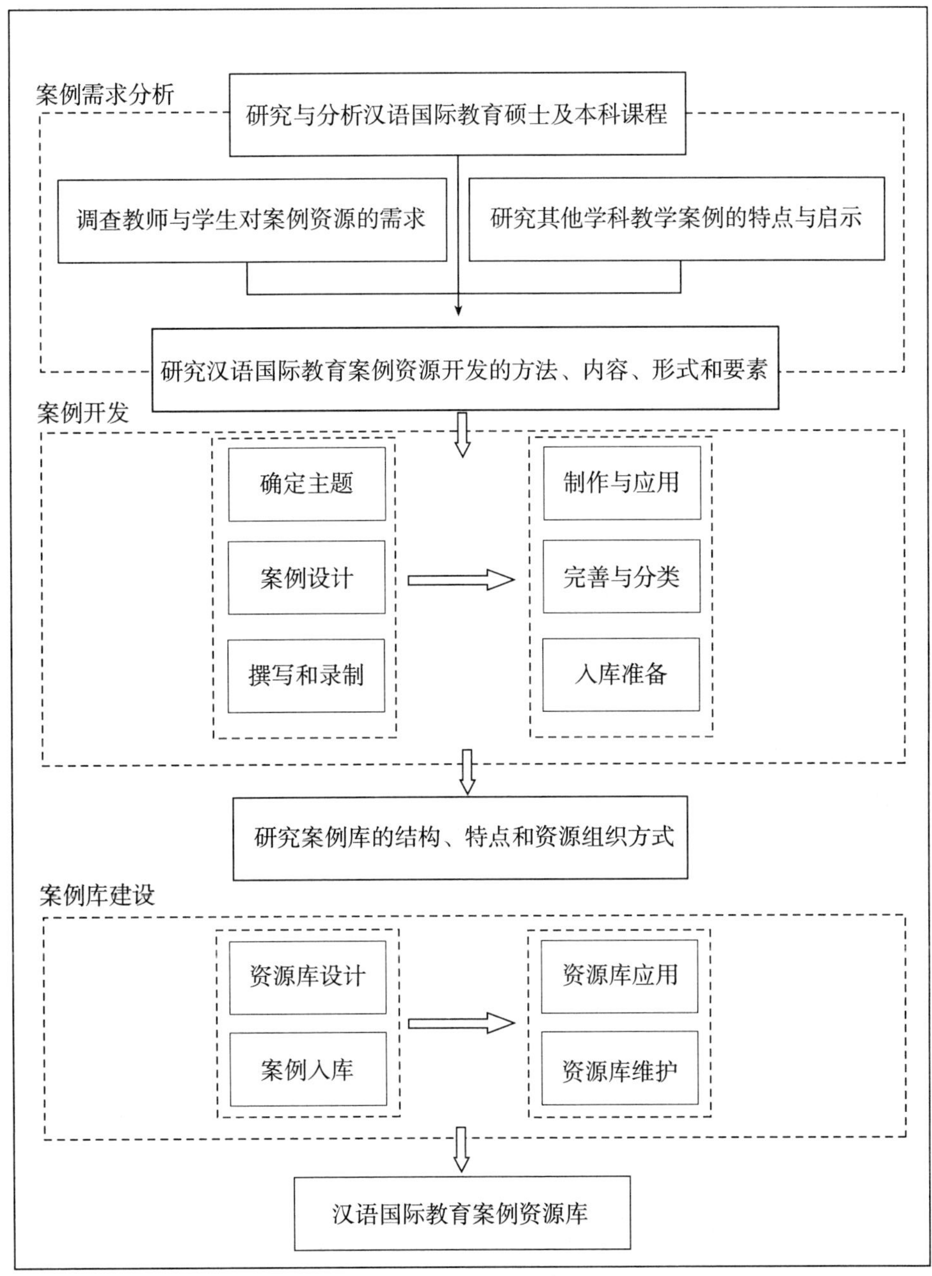

汉语国际教育案例资源建设流程图

入库的案例应该包含标题、教学地点、教学对象、主题内容、附录(与案例有关的文字、图片等原始材料)、评析、思考题等。案例撰写描述要求详细,突出问题情境,引发学习者的多角度思考和讨论,能够体现汉语国际教育相关理论。所选案例内容真实,与教学紧密结合，有针对性、启发性和指导意义。案例需涵盖中国国内的对外汉语教学和海外的汉语教学，较全面地展示世界各地汉语教学情况，充分考虑各个国家的语言政策、课堂教学特点、异文化在汉语教学和文化传播中的影响，尽量做到内容丰富，形式多样，使用方便。

四、结语

案例来自真实的国际汉语教学实际，能够满足教师教学需要，提高课堂效率，引发思考，帮助我们寻求问题的解决方案。在案例开发的过程中，我们常常会考虑一些问题，如何让案例的选题更具典型性，更有意义，如何使案例更真实有趣，有创意，如何促使案例开发者和案例使用者心灵相通，让案例解读尽量减少偏差，如何让案例发挥更大的作用，等等。

对于教师来说，案例教学不只是一种教学方法，更是教师教学思想与理念的转变。教师在备课时选择适合学生水平和教学内容的案例，并将案例应用于课堂，因此，案例使用的时机、呈现方式、预期效果都是教师需要考虑的问题。课堂上恰当地运用案例进行教学，教师需要更加重视学生学习习惯的养成，鼓励学生运用批判性、发散性的思维方式，提出问题，并和学生一起分析并解决问题。因此，案例是教师引导学生将理论与实践结合，从案例中验证理论的适应性与价值的过程，在教学中运用多角度思考与分析问题的方式方法，探讨多种解决方案，从而提高学生分析问题与解决问题的能力。

从案例开发的角度看，教师和学生既是案例的开发者也是使用者。文本案例撰写和视频案例拍摄的过程是完成人亲身经历或者观察他人问题呈现与解决的过程，是个人对教学行为、学习行为、跨文化交际行为的反思过程，也是经验总结与提高的过程。在教学中，案例运用的实际效果是否符合预期目标，需要教师在教学实践中不断总结与反思，教师和学生通过分析问题发生的原因、处理问题的经验与教训，防患于未然，从中预测将来可能出现的问题，思考如何避免问题的发生，寻求更加完善的解决方案和办法。

就案例本身来说，汉语国际教育案例既包括正面案例，也包括反面案例。我们通过正面案例，借鉴案例中的课堂管理与教学方法，学习跨文化交际案例中恰当的问题处理技巧，为我所用。因此，正面案例能够起到积极的引导作用，能够帮助学生提高了解、发现、分析、解决国际汉语教学问题的能力，是其今后的教学行为的参考。值得注意的是反面案例也有其存在的独特意义和价值，学习者可以从案例中汲取教训，反思教学行为，寻找问题解决思路。案例对学习者有一定的启示作用，是为教学服务的，只要对教学有利，对学生有帮助，任何形式的案例都值得研究与探索。

总之，案例具有独特的研究价值和使用价值，典型的汉语国际教育案例，能够为师生提供教学与学习支持，为师生与生生之间的合作学习、探究性学习和自主学习提供更多的机会，为学生了解、体验国内外的汉语课堂打开了新的窗口。通过学习者与案例开发者的思想及灵感的碰撞，能够学习优秀教师的成功经验，促进理论和实践结合。案例资源建设的过程既可以促进反思也可以促进学习，撰写文本案例与制作视频案例是对教学行为和教学过程的回顾、分析、评价、反思和总结，看清自己的长处和不足，是一个教学相长与自我提高的过程。案例促使师生讨论和探究，使案例的制作人、使用者和学习者都能够增强问题意识，相互促进，共同提高。

参考文献

央　青（2012）《国际汉语师资教育中的案例教学及案例库构建研究》，北京：中央民族大学出版社。

叶军主编（2015）《国际汉语教学案例分析与点评》，北京：外语教学与研究出版社。

朱晓军（2016）面向中亚、俄罗斯汉语国际教育案例编写构想，《新疆师范大学学报》（哲学社会科学版）第2期。

朱勇主编（2013）《国际汉语教学案例与分析》，北京：高等教育出版社。

（侯磊，山东师范大学国际教育学院，leileishuoguo19@163.com）

马来西亚汉语教学现状与策略

江　坤

提　要　通过问卷调查马来亚大学孔子学院不同文化背景的汉语学习者语言学习观念及策略，研究马来西亚汉语教学的现状和教学策略。研究发现，如今的马来西亚汉语教学在马来文化环境下有限发展；非华人族群的"汉语热"日趋增温，亟待向中高级语言学习者转变；学习者的文化背景复杂，有必要针对多语者特点设计教学。针对马来西亚汉语教学的现状，提出如下策略：在当地语言政策下和本土华教社团合作，培养具有汉语文化知识和教学技能的本土教师；建立学员档案系统，跟踪观察学习者学习进度；利用华人社团语言景观和华语环境进行教学等。

关键词　马来西亚；汉语教学；多元文化

一、引言

因材施教是我们追求的目标，但是因为师资有限，学生众多，无法真正做到针对每个学生进行个别教学，这个长远目标需要我们逐步聚焦。从"引进来"到"走出去"政策施行以来，越来越多的汉语教育工作者选择走出国门进行汉语教学，国别化、区域化的汉语教学研究日益增多，然而一国之内，也存在民族多样、文化多元的情况，这为区域化教学提出了新的课题：多元文化背景下的汉语教学。多元文化是珍贵的人类财富，需要我们一起去保护，在尊重文化差异的基础上开展针对不同文化背景学习者的汉语教学工作是我们每个汉语教师的任务。笔者 2016 年 9 月到马来西亚马来亚大学孔子学院进行一年的教学工作，深刻体会到马来西亚多元的文化和多语者的语言技能。我们试图对 4 名不同文化背景下的学生进行访谈，调查他们的汉语学习策略和特点，讨论不同文化背景对学生汉语学习的影响，提出教学建议。

二、文献回顾

国别化汉语教学是汉语国际教育的趋势。近年来，随着中国实力的增强，汉语学习在马来西亚逐渐升温，针对马来西亚汉语教学的研究也越来越多。有学者关注马来西亚华语方言特点(陈晓锦,2003),发现“马来西亚华人母语从方言逐渐转变为华语和英语”(洪丽芬,2008)。在语言本体研究之外也关注华语教学情况:通过对比中国大陆、中国台湾、新加坡和马来西亚的汉语教材,提倡汉字读写重要性(王惠、余桂林,2006);通过对马来西亚玛拉工艺大学汉语教材的分析和调查提出国别化教材建设(杨建生、王梅清、郑凤惜,2009);通过对马来西亚高校普遍使用的华语教材的研究,提倡建立统一大纲的本土化教材(叶婷婷、吴应辉,2010)。对教师及教学的研究也与日俱增:以玛拉工艺大学一位汉语教师课堂教学为观察样本,从中发掘问题、建立假设,进而提出有针对性的教学设计,找到适合马来西亚国际汉语课堂教学的提问模式(叶俐芬,2011);从马来西亚国际汉语教师的培养现状出发,通过对新纪元学院国际汉语教师本土化培养模式的分析和思考,揭示这种培养模式的特色及存在问题,探析国际汉语教师在马来西亚的本土化培养模式(王睿欣,2012)。从学生角度出发,调查博特拉大学选修汉语的非华裔学生汉语学习情况,分析学生学习动机和困难(洪丽芬,2008),广泛调查非华裔大学生汉语学习策略和需求,提出培养学生的汉语学习价值认知、学习兴趣和交际能力的建议(杜素仪,2011)。可以看出,马来西亚的汉语教学已经逐渐由第一语言教学的研究转向第二语言教学的研究,对教师、教材、教法的研究都有所涉及。

而首次将马来西亚汉语作为第二语言教学与华文教育区别开来进行单独有系统研究的是叶婷婷、吴应辉(2011),文章以马来西亚四大国立高校作为研究对象,对马来西亚高校汉语作为第二语言教学的发展现状和影响因素进行深入研究,最后提出“族群语言角力论”和“三合一汉语传播模式”,分别解释了马来西亚汉语作为二语教学发展现状的原因和对策。叶俊杰(2012)通过对马来西亚华文教学的研究,系统总结了马来西亚华文教育的历史,提出了马来西亚的华文教育离不开中国的支持,而中国在传播汉语时也要重视各国的本土汉语教学,在实施传播政策上不能千篇一律,以免达不到预期效果。此外,大量海外志愿者在马来西亚各大高校进行教学,以当地教学地点为研究对象,选择不同研究角度,将实践经验转化为理论研究,包括对课堂教学有效性问题的研究(常晓博,2015),对北方大学学生汉语学习焦虑的研究(张玮,2016),对外向型汉语移动学习软件的应用研究(方洁,2016),等等。

综上所述,马来西亚的汉语教学研究从最初的本土华语教学研究逐渐转变为汉语作为第二语言教学的研究,一方面是汉语学习者的结构发生了变化,另一方面也和孔子学院的建立,中马汉语教学合作进程的推进有关。如今的马来西亚汉语教学研究形成了两个不同的方向:一个是针对本土华文教育的中小学教学研究,另一个是针对高校学生的汉语作为第二语言教学的研究。两者都从“三教”问题上不断提出新的建议和策略。

三、研究方法

3.1 调查问卷

问卷运用李克特五度量表对学习者的学习需求、学习策略和学习观念进行调查分析，收集学习者对课堂学习的反馈。

调查问卷的设计分为三部分：第一部分是调查者的基本情况，包括性别、年龄、民族、学历、专业等，由于个别信息缺失，我们只选用了性别与年龄。第二部分为学习观念调查表，要求被试者在李克特五度量表上选出自己对学习观念的态度。其中，1 表示"我坚决不同意"；2 表示"我不同意"；3 表示"我没有明确答案"；4 表示"我同意"；5 表示"我非常同意"。第三部分是对学习策略的调查，我们依旧使用李克特的五度量表，该量表要求被试者根据自己汉语学习实际情况对各项汉语策略的使用情况做出选择。其中，1 表示"完全不符合我的情况"；2 表示"通常不符合我的情况"；3 表示"有时符合我的情况"；4 表示"通常符合我的情况"；5 表示"完全符合我的情况"。由于学生全部是马来西亚人，且只学过 40 小时的汉语，汉语阅读能力有限，问卷以马来语版本发放。

有效问卷中个别漏填选项，在数据处理时均按照中间值 3 处理。所有数据采用 SPSS24.0 和 WPS Excel 2016 进行分析。

3.2 访谈法

我们在进行了大样本的问卷调查和分析之后，根据学生们的回答起草了访谈方案，并对 2 名学生就他们的学习方法和策略进行了预访谈，访谈者对访谈内容进行记录，修改整理之后形成最后的访谈方案，在此基础上再对 4 位来自不同文化背景的学生进行半开放式访谈。对每位学生的访谈都单独进行。通过影像设备记录访谈过程。访谈过程始终保持轻松自然的状态，鼓励学生自由表达。访谈结束后对影像资料进行文字转写，完整记录学生发言内容，对访谈过程中的模糊情况进行记录，利用社交软件进行再次访谈，确保记录学生真实情况。考虑到学生汉语水平有限，非华裔背景的学生用英语访谈，华裔学生基本使用汉语访谈，书面上使用简单英语辅助访谈。

四、调查结果

4.1 学习观念调查

本文的学习观念调查是根据 Willing(1988)编制的调查问卷修改完成。本研究调查的受试者为马来亚大学孔子学院汉语初级班的学生,共 80 人,其中女生 56 人,男生 24 人。我们在最后的期末考试之后发放问卷 80 份,共收回 79 份,其中有效问卷 77 份,回收率为 96.25%。

1.基本情况介绍。

为了更清楚地描述本次调查的结果,我们将分为语音学习、汉字意识、课堂活动、教师期待、教学材料等方面来讨论。

首先我们对被调查者的基本信息进行简单介绍。被调查者绝大多数都是 19 岁至 25 岁的大学生,小部分为教职工。女性学员的人数远远多于男性学员的人数。

表 1 调查对象年龄分布

年龄(岁)	人数	占总人数百比例
19	6	7.79%
20	3	3.90%
21	12	15.58%
22	11	14.29%
23	22	28.57%
24	8	10.39%
25	6	7.79%
27	2	2.60%
29	1	1.30%
32	2	2.60%
45	1	1.30%
54	3	3.90%

表 2 调查对象性别比例

性别	人数	占总人数百比例
男	21	27.27%
女	56	72.73%

2."语音学习"调查结果与分析

表3 "语音学习"调查结果

描述性统计			百分比(%)				
内容	均值	标准差	1	2	3	4	5
Q2.发音要标准。	4.43	0.768	0	3.90	5.20	35.10	55.80
Q6.课上应多说汉语。	4.04	0.895	1.30	3.90	18.20	42.90	33.80
Q9.语言学习只要能日常交谈就行。	4.26	0.865	1.30	1.30	15.60	33.80	48.10
Q11.教师应该经常纠正发音。	4.32	0.751	0	2.60	9.10	41.60	46.70
Q15.多进行师生对话练习。	4.39	0.672	0	1.30	6.50	44.20	48.10

从表格数据我们可以看出,总体说来,学生对语音学习是重视的,均值都在4以上,而且标准差也小于1,标准的发音(M=4.43,SD=0.768)是90.90%的学生所推崇的,81.90%的学生同意"语言学习只要能日常交谈就行",学生学习汉语主要是希望能够与中国人、当地华人进行口头上的交际,因为主流媒体的语言依然是马来语,所以对读写能力的要求不是很高。

对于课堂用语,有76.70%的学生同意"课上应该多说汉语",我们访谈也发现有些学生希望教师能够使用更能理解的马来语进行解释,对于可懂的汉语输入也是能够接受的。对于语音的纠正,88.30%的学生同意"教师应该经常纠正发音",纠正的方式倾向于教师重述提醒学生注意。92.30%的学生同意多进行师生之间的对话练习,在符合语境的对话中习得语言。

可见,学生们普遍重视汉语口语能力,对准确的发音、流畅的表达都有很高的追求,对于课堂用语希望循序渐进增加汉语表达,希望课堂多进行一些模拟现实生活的交际练习。

3."汉字意识"调查结果与分析

表4 "汉字意识"调查结果

描述性统计			百分比(%)				
内容	均值	标准差	1	2	3	4	5
Q3.汉字没那么重要。	1.84	1.001	45.50	35.10	11.70	5.20	2.60
Q7.书写练习应该增加。	3.97	1.112	5.20	6.50	11.70	39.00	37.70

通过Q3和Q7,我们可以看出80.60%的学生认为汉字是很重要的,同时存在7.80%的学生认为汉字不重要,认为只希望满足听说技能就行。我们也调查了学生对于加大书写训练的看法,76.70%的学生表示同意增加书写练习的比重。关于是否增加课后词汇的调查,59.80%的学生希望拓展词汇,多学一些课外的词汇。

总体说来，初级学生是有很高的汉语学习热情的，我们也要合理利用他们的这种热情进行有针对的教学，培养学生的汉字意识，在追求口语能力的同时持续进行汉字教学，创造汉字使用环境，让学生产生学有所用的感觉。

4.“教师期待”调查结果与分析

马来西亚学生在“教师期待”调查中各项均值、标注差以及对各个选项的占比有很大不同。

表5 “教师期待”调查结果

描述性统计			百分比(%)				
内容	均值	标准差	1	2	3	4	5
Q10.教师语速应该慢一点。	3.94	1.017	3.90	5.20	15.60	44.20	31.20
Q11.教师应该经常纠音。	4.32	0.751	0	2.60	9.10	41.60	46.70
Q12.教师应该多布置作业。	3.58	0.991	2.60	10.40	31.20	37.70	18.20
Q13.教师不应该使用 PPT。	2.08	1.144	42.90	22.10	22.10	10.40	2.60
Q14.教师应该对语法点进行讲解。	4.21	0.767	0	2.60	13.00	45.50	39.00

对于语速，75.40%的学生认为教师的语速应该放慢，只有9.10%的学生认为教师的语速不用变慢。控制语速是进行有效输入的前提，让学生听得懂，才能够进行有效交流。但同时我们也发现，在长时间的自然语速的交流之后，学生也能以教师同样的语速进行回答。

对于教学手段，学生习惯教师用多媒体进行教学，有13.00%的学生同意教师不应该使用PPT进行教学。这也显示有时候我们不能过多依赖教学媒体，能够用更加直观丰富有趣的手段更好。

对于语法点的讲解，84.50%的学生希望教师能够在语法上进行讲解，Q4也显示，27.30%的学生同意汉语语法很简单。学生能够根据例句得出的语法规则尽量不要讲解，启发式教学对语法教学的作用不容忽视。

5.“教学材料”调查结果及分析

表6 “教学材料”调查结果

描述性统计			百分比(%)				
内容	均值	标准差	1	2	3	4	5
Q16.教材内容不重要。	1.73	0.982	57.10	19.50	18.20	3.90	1.30
Q17.学习书本以外知识。	3.66	1.071	5.20	6.50	28.60	36.40	23.40
Q18.希望了解中国文化。	4.48	0.641	0	0	7.80	36.40	55.80

对教学材料的调查我们发现：在完成教材内容基础上，学生同时也希望能够学习书本以外的知识，特别是中国文化的相关知识，学生对中国文化的兴趣高达92.20%。虽然是初级班，在有限的语言材料中也能够穿插一些中华文化的知识。文化隐性教学需要教师的精心设计。

6."课堂活动"调查结果及分析。

表7　"课堂活动"调查结果

描述性统计			百分比(%)				
内容	均值	标准差	1	2	3	4	5
Q8.汉语可以不通过课堂学习。	4.12	0.932	1.30	5.20	14.30	39.00	40.30
Q15.多进行师生对话练习。	4.39	0.672	0	1.30	6.50	44.20	48.10
Q20.汉语课堂应该更加丰富。	4.17	0.801	1.30	1.30	13.00	48.10	36.40
Q22.语言环境很重要。	4.08	0.757	0	2.60	16.90	50.60	29.90

我们还发现79.30%的学生认为汉语可以不通过课堂进行学习，同时84.50%的学生认为课堂应该更加丰富，他们希望来自中国的老师能够运用更加丰富多彩的课堂活动形式进行教学。

80.50%的学生认为语言环境很重要。课堂可能是学生唯一用上汉语的地方，在这个时间段，营造良好的语言环境至关重要。马来西亚拥有天然的汉语环境，丰富的语言景观能够让学生不出国门就能感受浓厚的中华文化气息。教师可以带领学生适当进行户外汉文化体验。

7.其他项目的调查结果及分析。

表8　其他项目调查结果

描述性统计			百分比(%)				
内容	均值	标准差	1	2	3	4	5
Q1.汉语很难。	3.19	1.089	5.20	26.00	22.10	37.70	9.10
Q19.汉语能力很有竞争力。	3.40	0.936	1.30	10.40	51.90	19.50	16.90
Q21.汉语需要课下复习。	4.29	0.723	0	1.30	11.70	44.20	42.90
Q23.技能比成绩重要。	4.26	0.818	0	1.30	19.50	31.20	48.10

汉语难度调查发现，均值M=3.19，已经超过中间值3，可以看出多数学生还是认为汉语是有难度的；标准差SD=1.089，说明学生的认识存在差异。有26.00%的学生认为汉语不是很难。总体说来多数学生还是倾向于汉语很难。

有87.10%的学生认为应该复习，而且55.90%的学生同意增加课后作业，我们可以选择有效的作业形式督促学生课后复习。个人访谈中我们发现，学生喜欢个人陈述类的作业，将自己收集的资料用汉语与同学交流，他们觉得很有成就感。

Q23是调查学生对汉语学习的态度。有79.30%的学生同意掌握技能比高分重要，也有19.50%的学生想要两者兼得。要想学生自己感受到进步，分数是不够的，更需要教师中肯的评价与学生在生活中的感受。

综上所述，马来亚大学初级班的学生以马来亚大学的学生为主，女生数量占75.00%左右。他们的学习需求主要是汉语听说能力，读写能力的要求不高。他们希望教师能够放慢语速，通过丰富的课堂交际练习来进行教学，课下布置探索式汇报作业。他们希望全方位了解中国和中国文化。

4.2 学习策略调查

我们根据Rebecca Oxford编制的自陈式语言学习策略量表从六个方面进行提问，分别为记忆策略、认知策略、补偿策略、元认知策略、情感策略和社交策略。

表9 学习策略调查结果

分类	内容	均值	标准
记忆策略	Q9.我背单词。	3.77	0.872
	Q12.我习惯记笔记来学习汉语。	3.79	0.964
	Q13.我通过练习和修改来学习汉语。	4.00	0.889
	Q23.我会复述老师发音。	4.44	0.716
认知策略	Q7.我听中文歌曲来学习汉语。	3.49	1.188
	Q8.我会自己对自己说汉语。	3.87	1.068
	Q11.拼音让我更容易记忆词语。	4.22	0.955
补偿策略	Q4.我尝试课下多使用汉语。	3.92	0.807
	Q16.我有课外学习汉语的途径。	3.36	0.999
元认知策略	Q24.我知道自己的薄弱环节。	4.25	0.861
	Q25.我有自己的一套学习方法。	3.56	0.953
情感策略	Q17.听不懂老师的话，我会紧张。	3.40	1.161
	Q22.老师提出问题我要思考一段时间。	4.18	0.807
社交策略	Q3.我主动参加小组活动。	3.73	0.898
	Q10.我有自己的语伴。	3.90	1.154

记忆策略是马来西亚学生普遍使用的学习策略，简单重复的机械操作学生是很少

使用的，而通过练习订正的方式来学习的人数较多，学生会有意识地复述教师的发音，对领读方式来学习语音比较接受。

独自练习汉语的人数不多，学生们更愿意采用社交策略，在真实的语言环境下进行交际练习。71.50%的学生有自己的语伴，73.70%的学生会主动参加小组活动，由此可见带有交际目的的课堂练习是学生们愿意参加的；77.90%的学生表示拼音更容易让他们记忆词语，初级班的学生对于拼音的依赖较大，需要在关键时期进行汉字过渡。元认知策略的使用比例也很高。81.90%的学生知道自己的薄弱环节，48.10%的学生有自己的汉语学习方法，这说明学生对自己的汉语水平也有一个整体估量。

马来亚大学孔子学院初级班的学生汉语学习策略的总体使用情况较好，最喜欢使用的是社交策略和元认知策略，不常使用的是情感策略和记忆策略。

4.3　调查结论与教学策略

通过以上数据分析，我们可以看出，马来亚大学孔子学院初级汉语班的学生：(1)对口语交际能力很重视，希望能够在真实环境的交际训练中掌握口语；(2)属于场依存性学习者，对教师和课堂的依赖性较大；(3)重视教材内容，也希望进行文化拓展；(4)元认知策略使用多，希望了解并参与教学计划；(5)学习动机基于兴趣。

由以上的结论，我们提出以下策略：(1)教师要对教学有完整的设计，课堂语言简洁正确，语速缓慢得当，保证可懂输入；(2)练习要适当增加，书写练习和词汇记忆练习在课堂上要落实，并及时纠正错误，加强正确答案的输入；(3)课堂活动更加丰富，互动合作式活动增加，营造真实的语言环境，进行完整的语言交际；(4)教学材料要适当拓展，加入中国文化内容，推荐课后学习资源与途径；(5)倾听学生意见，把握学生掌握程度，让学生参与教学计划制订；(6)进行自我成绩评价，建立纵向对比，把握自我的进步与不足。

具体说来，语音贯穿教学始终，应阶段性地针对学生偏误进行纠正。虽然汉语发音的声韵调组合相对复杂，我们也要将语音训练贯彻到底，时时刻刻注意学生的发音，及时纠正错误发音，选择更贴近情景的语言训练材料，满足学生对口语的需求。课堂上减少媒介语的使用，学生在一定时间的汉语学习之后就能够理解教师的声情并茂的汉语指令。

综合课是听说读写各项技能的综合教学，这给有限的课堂增加了压力，就需要我们根据学生的需求有选择地侧重。听说能力是学生们都希望掌握的，他们更希望能够与中国人进行流畅的对话。我们初级综合课重点放在听说能力上，对教材进行针对技能训练的处理也是不可或缺的。

在交际协商中纠正学生的错误，强调隐性知识的作用，建立成绩评价与教学成果评估机制，让学生感受到学习的进度与进步。多设计基于现实社会的交际任务，在解决现实问题过程中加强自我效能的使用。

整体看来，马来西亚的学生多数是场依存性的学习者，对教师与课堂的依赖较大，对自我学习的自主性不强，需要教师能够通过有意义的课后练习作业督促学生进行复习与语言知识的学习。我们可以使用现代通信设备与学生进行交流，布置口语作业，检查完成情况。

五、访谈结果

5.1 受访者情况

我们从参加调查问卷的学生中选择代表马来西亚典型文化背景的3名初级班学生进行单独访谈，另外选择1名接受华文教育和马来语教育的华人进行具体情况的访问。受访者具体情况如下：

表10 受访者个人情况

姓名	语言使用数量①	种族	家庭语言	学校语言
Li	3	马来(穆)	马来语，英语	马来语，英语，阿拉伯语
Tang	5	华(国际)	英语，粤语，闽南语	马来语，英语，华语
Shan	4	印度	英语，泰米尔语，马来语	马来语，英语，泰米尔语，华语
Ye	5	华(华文)	粤语，闽南语	华语，马来语，英语

Li来自马来政党执政的巫统地区，生活环境具有典型的马来穆斯林文化特色，由于宗教原因从小学习阿拉伯语，在大学一般使用英语，汉语是第一次接触；Tang是接受马来西亚国际学校教育的华人，没有接受系统的汉语教育，只是在家中和老人用闽南语和粤语进行口语交流；Shan是印度族的一名大学教授，从小在家里接受系统的泰米尔语教育，上学之后接受马来语教育，并学习英语，妻子是马来西亚华人，工作生活中都能够频繁使用华语；Ye是接受华文小学教育的华人，小学之后都在马来语学校学习，现在的汉语水平能与中国人正常交流。前3名学生都来自于马来亚大学孔子学院初级汉语班。

① 这里的语言数量中包括汉语方言。

5.2 访谈结果

访谈内容集中讨论不同文化背景的多语者对待汉语学习的态度和策略，主要问题包括：之前习得语言对汉语习得的影响、汉语学习的难点和汉语学习的策略。

表 11 访谈结果

姓名	与之前语言对比	汉语难点	策略
Li	汉语和之前的语言完全不同，特别是书写系统，每个汉字都有一个故事，拼音字母的发音和英语发音也不一样。马来语表达更为直接，汉语和英语语法具有相似性。	汉字记忆 汉字书写 声调朗读	抄写课本 做课堂笔记 抄写汉字
Tang	汉语的书写方式和其他语言完全不同，之前的闽南语和粤语发音上对我学习汉语有正面影响。	汉字书写 词汇发音	看电影 记字幕
Shan	汉语有声调；汉字不是字母文字，而且组成汉字的部件太多，结构也很复杂。	汉字书写 声调发音	抄写汉字 看视频课程 与人交谈
Ye	马来语的语法和英汉语法有很大区别，英汉在语法上接近，马来语和英语在词汇、发音、拼读上更接近。	汉字书写 普通话词汇	听音乐 与人交流

汉语一直存在着华文教育，而华语和汉语（普通话）存在一定的差异，主要表现在词汇和发音上，也有语法上的差别，所以对于马来西亚华人来说汉语（普通话）也不是完全熟悉的。而且年龄大的马来西亚华人学习者习惯了繁体字。对于非华人背景的学生来说，汉语作为多数人的第四语言，和他们之前掌握的语言相比，差异巨大，主要表现在汉语的书写系统汉字上，有别于之前语言的拼音文字。汉字成为汉语学习的最大问题，甚至有的马来西亚国立高校的汉语课更是用拼音进行教学，回避汉字书写。但是汉语拼音方案中的字母发音与马来语、英语的字母发音又不相同，拼写规则大相径庭，经常出现马来语式的拼音书写方式，所以拼音作为辅助发音的工具不能代替汉字成为书写工具。

马来西亚汉语教学的特殊性就在于汉语或者大华语是其多元文化之一，但是为什么其他种族的人依旧是汉语零起点？通过对 Ye 的访谈，我们了解到这与马来西亚的语言政策有关。华语和泰米尔语只能提供小学阶段的母语教学，初中以后就要上马来语为媒介语的国中或者国际学校。随着“汉语热”的持续升温，越来越多的非华人种族去华文学校学习汉语，但中高级的汉语教学仍比较薄弱。现在华文学校面临的首要问题也是要解决非华人种族的汉语学习问题。马来亚大学孔子学院也积极与当地华校进行合作，交流汉语作为第二语言教学的教学经验，培养本土教师。

根据本次小范围的调查，我们给出以下建议：

表 12 针对不同类型学生的教学策略

类型	难点	侧重
华人背景的低程度学习者	声调，词汇，汉字	纠正声调，加强词汇记忆
非华人背景的低程度学习者	语音，汉字	提高开口率，纠正发音
非华人背景的高程度学习者	声调，汉字	纠正声调，加强语法教学
华人背景的高程度学习者	词汇	积累词汇

由于以上数据均来自初级汉语班，所以主要还是以普及型教育为主。马来西亚汉语学习者重视汉语口语的学习，对汉字心有余而力不足；华人背景的低程度学习者，注意纠正方言中的口音，加强汉语词汇的积累，找到对应空白，增加汉字书写练习；非华人背景的低程度学习者，要建立自信心，增加开口率，鼓励交际；非华人背景的高程度学习者，要减少华语的负面影响，根据需求有选择地增加难度；华人背景的高程度学习者，要注意辨析马来西亚华语和汉语（普通话）的差异，注意积累现代汉语普通话的词汇及发音。教师要建立学员档案系统，跟踪观察学习者学习进度；鼓励生生合作，成立学习小组，发挥华人社区的文化教育作用。

六、结论

通过对马来亚大学孔子学院初级班学生的学习观念和策略的调查，我们提出了针对课堂教学的微观策略，从语言要素的安排、语言技能培养到教学方法的运用都提出了针对性建议。之后我们又选择了来自不同文化背景的 4 名学习者进行单独访谈，将他们分为四种不同汉语学习者类型：华人背景的低程度学习者、非华人背景的低程度学习者、非华人背景的高程度学习者、华人背景的高程度学习者，根据他们在汉语学习过程中的难点和策略提出了针对不同文化背景学习者的汉语教学策略。在海外进行汉语教学要始终以学生为中心，在条件允许的前提下，跟踪他们的学习进程，和他们一起制订长远的汉语学习计划，向更高层次的汉语学习发起挑战。

参考文献

常晓博（2015） 对外汉语课堂教学有效性问题研究——以马来西亚彭亨大学教学实践为例，河北师范大学硕士学位论文。

陈晓锦 (2003)《马来西亚的三个汉语方言》,北京:中国社会科学出版社。
杜素仪 (2011) 马来西亚大学生汉语学习动机研究,中央民族大学硕士学位论文。
方 洁 (2016) 外向型汉语移动学习软件应用于课堂教学的研究与分析,北京外国语大学硕士学位论文。
洪丽芬 (2008) 试析马来西亚华人母语的转移现象,《华侨华人历史研究》第1期。
王 惠、余桂林 (2006) 华语教材用字的地域分布与频率统计,《首届全国教育教材语言专题学术研讨会论文集》,福建省语言学会。
王睿欣 (2011) 马来西亚国际汉语教师本土化培养模式之探析,第一届国际汉语教师培养论坛,中央广播电视大学。
杨建生、王梅清、郑凤惜 (2010) 马来西亚玛拉工艺大学汉语教材的需求分析和编写原则,《国际汉语学报》第1期。
叶俊杰 (2012) 马来西亚华文教学研究,中央民族大学硕士学位论文。
叶俐芬 (2011) 初级阶段国际汉语教师课堂提问行动研究,中央民族大学硕士学位论文。
叶婷婷 (2011) 马来西亚高校汉语作为二语教学发展研究,中央民族大学硕士学位论文。
叶婷婷、吴应辉 (2010) 马来西亚的华语作为第二语言教学教材探析,《云南师范大学学报》(对外汉语教学与研究版)第4期。
张 玮 (2016) 马来西亚大学生汉语学习焦虑研究——以马来西亚北方大学为例,北京外国语大学硕士学位论文。

(江坤,浙江科技学院人文与国际教育学院,jiangkun016@gmail.com)

学习者习得体标记“了”的句法语境变异*

李兰霞

提　要　传统的变异研究仅关注系统变异，而把自由变异排除在外，认为自由变异是零星存在的，没有任何意义。动态系统理论认为，变异尤其是自由变异，是自组织发展系统的内在属性，负载着有关发展过程的重要信息。本文考察一位学习者在52周中使用体标记“了”的句法语境变异。研究发现，在绝大多数句法语境中，“了”的使用都经历了一定的自由变异阶段，主要是目的和偏误形式交替出现；有的最后转化为目的形式系统变异，有的尚未转化；自由变异可能是习得过程中的一个普遍机制。

关键词　“了”；动态系统理论；变异；句法语境

一、问题的提出

1.1　体标记“了”

体标记“了”是汉语第二语言学习者接触最早、使用最频繁的语言成分之一，也是汉语二语学习者的“老大难”“难点中的难点”（陆俭明、郭锐，1998；吕文华，2010）。而“学习‘了’最大的难点是：对过去已然事件的表述是否需要使用‘了’以及在句中什么位置使用‘了’”（徐晶凝，2016）。之所以如此，一大原因是“了”不能如英语等语言的时体标记那样强制使用，很多过去、完成事件并不能使用“了”，有些在单句层次必须使用的“了”在语篇层次却不能使用或使用的位置有变（李兴亚，1989；刘勋宁，1990、1999；亓华，2000；杨素英等，2000；叶南，2006；屈承熹，2006；饶宏泉，2012；徐晶凝，2014、2016）。然而，当前“了”的习得研究仅关注两类现象，即显形式（正确使用的“了”）和偏误形式，一般包括多用（不该用而用）、少用（该用而不用）、错用（该用但位置错误），且往往分别孤立研究，目的形式和偏误形式之间的联系往往仅体现为正确率（孙德坤，1993；赵立江，1997；Wen Xiaohong，1995；Teng Shou-hsin，1999；杨素英等，1999；陈晨 2011；刘汉

* 本文为教育部人文社会科学青年基金项目“二语学习者习得汉语体标记的微变化研究”（项目号：16YJC740039）的阶段性成果。

武、丁崇明,2015;彭臻、周小兵,2015;杨素英,2016;李国芳,2011;王红厂,2011;玄美兰,2004;韩在均,2003;陈楚芬,2005;肖任飞,2010;刘琳,2013;陈德铭,2011;哈里德,2013;孙鑫,2012;周小兵、欧阳丹,2014 等);至于学习者在过去已然事件表述中如何使用零形式"了"(正确地不使用"了"),则一直缺乏研究。

动态系统理论(Dynamic Systems Theory,简称 DST)认为,语言由很多嵌套子系统组成,每个子系统又包括更小的子系统,这些子系统之间交互作用,一个系统的变化会导致其他系统的变化,高层系统的整体行为从子系统的交互作用中浮现出来,因此倡导用系统、联系、全面的观点考察第二语言发展(de Bot *et al*.,2005:19;Larsen-Freeman,2006;Larsen-Freeman, D., & L., Cameron ,2008;李兰霞,2011)。从这个角度看,"了"的使用构成一个动态子系统,显形式、零形式、多用、少用和错用等各种形式,都是使用"了"过程中产生的不同变体,是"了"系统之内嵌套的更小的子系统,这些不同变体之间的交互作用最终导致"了"系统的浮现。因此,本文统一考察"了"各变体在时间维度中的消长变化,以揭示"了"的浮现过程。因篇幅所限,本文只考察过去时语境中"了"各变体在句法语境下的消长变化。所谓句法语境,指某变体的形成可归因于某种句法形式。如例(1)含否定词"不",例(2)含程度补语使得该句子需要使用零形式,例(3)表经常性行为,例(4)含程度补语使得该句子成为多用偏误。本文未发现可归因于某种句法形式的显形式、少用偏误和错用偏误。

(1)我不买书。

(2)去年我们玩儿得非常好。

(3)*我儿子年轻的时候,每天我读了他睡以前。

(4)*我爷爷笑得很大了。

(5)*他看朋友回家来。

1.2 变异

发展中的变异是二语习得中最大的议题之一。所谓变异(variability),是指"语言使用者(包括语言学习者)在使用他们的语言知识时表现出的变化。这种变异可以是非系统的(即随机的),也可以是系统的(即两种或以上的语言形式作为变体出现,根据所出现的上下文,这些变体的使用是可以预测的)"(Ellis,1985a:305—306)。传统语言学对语言变异的研究起源于美国社会语言学家 William Labov,Labov 社会语言学变异的研究范式被应用于第二语言习得研究,使得第二语言习得中的变异现象成为研究者关注的焦点之一。但以 Labov 为代表的变异研究关注的仅仅是系统变异,而把自由变异或者"随机的"非系统变异排除在外,认为自由变异是零星存在的,且没有任何意义。

DST 批评了这种做法。Verspoor *et al*.(2008)指出：以往的研究要么忽略语言中的变异，把变异看作发展中的噪音；要么就寻找变异原因，如把变异归因于一语的迁移、目的语泛化、社会语境、情景语境的制约等；而 DST 角度的变异性研究，考察的是变异本身，尤其是那些被传统研究所希望消除的自由变异，因为这是"自组织发展系统的内在属性"(de Bot *et al*.,2005)，"负载着有关发展过程本质的重要信息"(van Dijk,2003:129)，是"系统灵活性和对环境适应的结果"，是"发展的源泉和发展过程中即发展转变的情况下，某个特定时刻的指标"，这也是经典达尔文主义的看法(Thelen & Smith,1994:144)。因此，变异性尤其是自由变异"对于我们理解作为动态系统的 L2 发展过程是一个关键的、必不可少的步骤"(Verspoor *et al*.,2008)。

根据可以对系统变异进行预测的条件，第二语言学习者在中介语(interlanguage)中生成的系统变异可分成风格变异和语境变异，其中语境变异又可分为情景语境(situational context)、心理语言语境(psycholinguistic context)和语言语境(linguistic context)(Schmidt,1980;Tarone,1983;武波 1997;梅丽,2003)。语言语境变异存在于语音、屈折形式、句法甚至语篇等各个层面。英语作为第二语言的时体习得研究成果十分丰富，但有意思的是，目前所见只有杨素英、黄月圆(2009)对英语句法结构和时体习得的关系进行了研究。杨素英、黄月圆(2009)认为，这一研究在英语第二语言习得研究中缺失的原因，大概是"在以前研究的许多语言中，句法很少会影响时体标记的使用"。而在汉语(普通话)和粤语方言中，体标记，尤其是完成体标记(perfective marking)是选择性使用的，受到句法制约。本文即通过考察学习者使用"了"的过程中在哪些句法语境下、发生了怎样的变异，揭示"了"的浮现机制。

二、研究方法

2.1 语料收集

本文被试为一位荷兰汉语学习者，37 岁，女，大学毕业；母亲为英国人，英语流利。学习者在荷兰当地一个中文学校学习汉语，每周 2 小时，所用教材为刘珣主编的《新实用汉语课本》。调查开始时，刚好用两个学期完成了第一册 14 课的学习，其中第 13 课介绍了动词后宾语前"了"的用法，即刚开始对"了"的学习；调查结束时完成了第二册。

DST 认为，精心选择的看图说话、命题写作等任务"虽然能深入观察到某些具体特征的习得，但要真正全面地考察语言，必须以相对自然条件下产出的(口头或书面)数据为基础——也就是说，语言产出过程的所有方面(词汇选择，句子框架，语法方面如时态、情态和语态，正字法或者语音等)都应该尽可能地在学习者自己的控制之下"。这样收集到的语料才具有"生态过程"(ecological process)的特征(Schmid *et al*.，2011：39)。据此，本文语料收集的方式为：(1)学习者每周1次完成一篇自由写作，自我控制话题、时间和长度等，然后在Skype上读出来。(2)研究者用英语纠正偏误，回答提问；学习者同时修改文本。研究者会纠正文本中的所有偏误，而不是只针对"了"。(3)研究者最后把标准文本发给学习者以供对比。在完成文本的过程中，学习者会查阅词典、检查错误，投入注意的程度比较高。但注意力的焦点并不是语言形式，也不是文本中的"了"，而是整个"故事"的表达。根据Tarone(1983)对中介语风格连续统的划分，本文的语料应属于"有注意的话语"，偏向于随意体一端。

最终共收集到连续52周时间的52篇、14 124字的文本；文本的字数从最初的约150字上升到约250字，并从16周开始稳定在了约300字；除了文本05是一般性介绍，其他都是对生活中已经、正在或即将发生的事情的叙述性表达，具有使用"了"的语境；文本01没有用"了"，02开始使用，较完整地反映了"了"从无到有的发展过程。可以说，语料在质量、时间刻度的均匀性、自然生态性等方面都达到了较好水平。

2.2 语料统计

"了"如何分类在本体研究中存在大量争论，主流观点是区分为动词后缀"了$_1$"和句尾"了$_2$"。当"了"出现在动词句尾，刘月华等(2003)、吕文华(2010)认为是"了$_2$"，黄伯荣、廖旭东(1991：48—49)认为是"了$_{1+2}$"，朱德熙(1982：209—210)认为有时是"了$_2$"有时是"了$_{1+2}$"。习得研究对动词句尾"了"主要有三种处理方式：(1)全部看作"了$_2$"(孙德坤，1993；赵立江，1997；崔立斌，2005；郭春贵，2010)，这意味着把句中、句尾"了"等同于"了$_1$""了$_2$"。(2)根据具体语境确定"了$_1$"或"了$_2$"(Wen Xiaohong，1995、1997)。(3)把动词句尾"了"和句中"了"都看作"了$_1$"，把非动词句尾"了"看作"了$_2$"(杨素英等，1999、2000)。本文采取第(1)种处理方式，但不包括固定格式中不表时体意义的"了"，如"太……了"中的"了"。

语料统计遵循以下标准：(1)以谓词为单位。如果一个句子中包含两个以上可能使用"了"的谓词，如主句及其宾语从句、连谓结构等，则分别统计。(2)区分过去时、现在时和将来时。由于汉语中并不存在类似英语那样的过去时标记，本文的过去时指所表述的事件、行为或动作发生在表述之前；现在时、将来时指所表述的事件在表述时正在、尚未发生。(3)区分五种变体。目的形式变体包括零形式和显形式，偏误形式变体包括少用、多用、错用。过去时语境统计各变体，但不包括直接引用的对话；非过去时不统计零形式。统计由研究者和一位本专业在读博士研究生共同完成，统计结果一致性约达96%，分歧经协商后也获得解决。最后，共总结出11种句法语境，各变体在不同句法语境中的分布如表1。其中“－了”表示零形式，“＋了”表示显形式，“＋”表示多用，“－”表示少用，“＊”表示错用；“句中”和“句尾”表示变体出现的位置。

表1 “了”的句法语境分布

	句法语境类别	变体形式								
		－了	句中				句尾			
			＋了	＋	－	＊	＋了	＋	－	＊
1	含“不”否定词	29		6				7		
2	“……的时候”从句	22		5						
3	含程度补语	12						1		
4	含“没有”否定词	10		1						
5	表示经常性动作行为	7						1		
6	“以后”从句	4	5							
7	含时段宾语				4		2			
8	表持续或正在进行			1				6		
9	“去＋动词”连谓结构	3	1		1	5	1			
10	应用“是……的”表强调					2				1
11	“以前”从句	2								

三、讨论

3.1 变异阶段

表1是对52周时间中“了”在不同句法语境中出现的变体数量之和的统计。如果从时间维度看，则会发现在同一种句法语境中：(1)学习者在两个以上的时间点一直固定使用“了”某一变体。这种在同一句法语境中，在相同或不同时间点稳定使用同一变体的情况，我们称为“纵向系统变异”，简称“系统变异”①。(2)学习者在相同或不同时

① 前文有关“系统变异”“自由变异”的定义是从横向角度界定的，而本文的“系统变异”“自由变异”是从纵向时间维度的角度界定的，因此不完全等同。

间点使用不同的“了”变体。这种在同一句法语境中，在同一时间点或不同时间点交替使用不同变体的情况，我们称为“纵向自由变异”，简称“自由变异”。如果系统变异出现在自由变异之前或之后无自由变异，称为“前系统变异”；如果系统变异出现于自由变异之后且后续无自由变异，称为“后系统变异”。由于后系统变异总是出现于最后阶段，本文规定持续使用的变体形式必须达到3例以上，才构成后系统变异。有的句法语境不一定在第1周就出现，我们把该句法语境出现之前的阶段称为“空白期”。

以“……的时候”从句这一句法语境为例：学习者从27周开始使用带有谓语谓词的“……的时候”从句。在38周之前，“……的时候”从句一直使用零形式“－了”，共11例，较均匀地分布在文本27、29、30、31(3例)、33、34(2例)、35、36中，如：

(6)他孩子找到我在大床的时候，……(31)①

(7)我奶奶年轻的时候(她爱好是画画儿)。(34)

到了第38周，忽然开始出现多用偏误形式变体“＋”，并和多用偏误交替出现：

(8)我到了我妹妹的房子的时候，……(38)

(9)我到家的时候，……(38)

(10)我写了故事的时候(天气正在下雨)。(45)

(11)我们都打开所有的礼物的时候(我们吃大餐了)。(44)

目的形式“－了”和偏误形式“＋”两种变体的交替使用一直持续到45周，其中“＋”共出现5例，“－了”出现6例。45周之后，学习者又重新开始稳定使用目的形式“－了”，共出现5例。如：

(12)我今天上午起床的时候(我看了外边)。(49)

(13)时间的回家去的时候(他问我的电话号码)＊。(52)——回家去的时候……

也就是说，“……的时候”从句经历一段空白期(1—26周)后才出现，出现即稳定使用零形式(27—37周)，然后交替使用零形式和多用偏误(38—45周)，最后又稳定使用零形式(46—52周)。“了”在该句法语境中的变异阶段可概括如下：

前系统变异(27—37：－了)——自由变异(38—45：－了＆句中＋)——后系统变异(46—52：－了)

根据以上的分析程序，表2总结出了“了”变体在不同句法语境中经历的变异阶段。

---

① 括号中的数字表示该例句出现的文本序号；文本序号等同于观察进行的时间点，即第N周。下同。

表 2 “了”的句法语境变异阶段

句法语境类型		空白期	前系统变异	自由变异	后系统变异
①	含“不”否定词	N	01—11：-了	12—52：-了&句中+&句尾+	N
②	“……的时候”从句	01—26	27—37：-了	38—45：-了&句中+	46—52：-了
③	含程度补语	01—14	15—43：-了	44—52：-了&句尾+	N
④	含“没有”否定词	01—10	11—37：-了	38—38：-了&句中+	39—52：-了
⑤	表示经常性动作行为	01—22	N	23—25：-了&句尾+	26—52：-了
⑥	“以后”从句	01—41	N	42—52：句中+了&-了	N
⑦	含时段宾语	01—01	N	02—52：-&句中+	N
⑧	表持续或正在进行	01—01	02—37：句尾+	38—52：句尾+&-了	N
⑨	“去+动词”连谓结构	01—02	03—30：句中+	31—52：句中+&句尾+了&-	N
⑩	应用“是……的”表强调	01—07	08—52：句尾+	N	N
⑪	“以前”从句	01—24	25—52：-了	N	N

注：“N”表示该阶段不存在。

3.2　习得结果

根据表2的分析结果，“了”在11种句法语境中达到的最后阶段可分为以下几种。

1.目的形式—后系统变异。

包括②(“……的时候”从句)、④(含“没有”否定词)、⑤(表示经常性动作行为)等三种句法语境。在这三种句法语境中，“了”的发展过程基本一致，都完整地经历了前系统变异—自由变异—后系统变异三个阶段，且最后阶段的变体形式都是目的形式“-了”，意味着在这三种句法语境中，学习者较稳定地习得了零形式。零形式习得的稳定性，可以从以下两方面来看：

首先是后系统变异阶段的零形式频次，出现频次越多，说明习得越稳定，未来发生偏误变异的可能性越小。经统计，这三种句法语境中，零形式在后系统变异阶段的出现频次分别都是5例，稳定程度相当。分别如：

(14)我今天上午起床的时候(我看了外边)。(49)

(15)昨天我没看电视。(45)

(16)我跟我妹妹常一起去买东西。(39)

其次是自由变异阶段的存在。在前系统变异阶段，学习者已经能在这三种句法语境中使用零形式，分别为11例、5例、1例。但在这个时期，其实不易判断学习者是在有意识地使用零形式，还是尚未具备使用显形式“了”的能力。多用偏误和零形式交替的自由变异的出现，证明学习者正在进行变体形式的尝试和选择，后续的后系统变异是学习者有意识选择的结果，因而可能比前变异阶段的使用更稳定，更不易向偏误变体变异。

2.目的&目的形式—自由变异。

有的句法语境中可以自由使用或者不使用“了”，两种形式都是合法的，因此都是目的形式。本文仅考察到一类这种句法语境，即⑥（“以后”从句）。一开始，学习者就在“以后”从句中使用显形式“+了”，后来交替使用显形式和零形式，如：

(17)吃大餐以后我们喝咖啡，还吃巧克力。(44)

(18)到了家以后我给我妈妈打电话。(50)

由于两种形式都合法，这样的句法语境类型显然对学习者来说是最容易的，后文不再着重讨论。

3.目的&偏误形式—自由变异。

这一类是11种句法语境中最多的，包括①（含“不”否定词）、③（含程度补语）、⑦（含时段宾语）、⑧（表持续或正在进行）、⑨（“去+动词”连谓结构）共5种。这5种又可以分成两类：

第一类是①③⑧⑨，先经历了前系统变异，然后进入自由变异阶段。其中①③的前系统变异阶段使用的变体是零形式，⑧⑨是多用偏误；自由变异阶段都是零形式和多用偏误交替出现。这意味着，前系统变异阶段使用的零形式并非真正意义上的目的形式，很可能是学习者尚未有能力使用“了”；这一阶段的多用偏误则并未“化石化”。不管是以目的形式还是偏误形式开始，这四种句法语境都随之进入了目的形式与偏误形式竞争的自由变异阶段。分别如：

(19)我不知道了电影的名字。(12)

(20)我不知道他们在哪儿。(50)

(21)我爷爷笑得很大了。(44)

(22)在那儿我们玩儿得非常好。(52)

(23)在学校他的女朋友等着。(40)

(24)两个小时以后我们仍然聊天了。(52)

(25)我忘了他们去滑雪＊。(45)

(26)上个星期六我和朋友们去了滑冰。(51)

第二类是⑦，没有经历前系统变异，直接进入少用偏误和显形式交替使用的自由变异阶段。这一类和第一类在性质上可能并没有根本区别，只是比第一类更快地进入了和显形式相竞争的自由变异阶段。如：

(27)我们在他的卧室一共工作三个天。(23)

(28)我等了太长了。(50)

4.偏误形式—前系统变异。

即⑩(应用“是……的”表强调)、⑪(“以前”从句)两种。⑩一直使用多用偏误,⑪则一直使用零形式,都没有经历自由变异阶段。如:

(29)她是7月怀孕了。(17)

(30)以前见我妹妹我烤了很多饼干。(38)——见我妹妹以前……

综上所述,11种句法语境中有3种达到了目的形式—后系统变异,意味着学习者在当前观察期内较为稳定地习得了零形式这一目的形式;6种的最后阶段仍然是使用和不使用“了”之间的自由变异,意味着学习者还处于不稳定的尝试和探索期;2种尚未经历自由变异,或在使用偏误形式,或在使用目的形式,但从其他句法形式的发展过程看,下一阶段可能是自由变异。很显然,在相同时期内达到“了”目的形式—后系统变异的句法语境,其习得难度比偏误形式&目的形式—自由变异的要小;而尚未进入自由变异阶段的可能难度最大。

3.3 浮现机制:自由变异

如果⑩、⑪这两种句法语境在后续观察中的确如上述推测一样进入自由变异的话,可能意味着自由变异是“了”习得过程中的一个重要机制,在“了”系统的浮现过程中起关键作用。

首先,自由变异的本质是学习者对不同变体形式的尝试和选择。这种尝试和选择常常并不在开始阶段出现,之前可能有一段偏误或目的形式前系统变异。比如前述9种出现自由变异的句法语境,有7种都经历了一段时期的前系统变异。当前系统变异是目的形式时,意味着这种目的形式的使用可能是无意识的或偶然的,还不稳定;当是偏误形式时,则意味着该偏误形式没有化石化,有可能转化成其他偏误形式或目的形式。因此,自由变异是系统动态、开放的一种表现,意味着系统仍然具有适应、调节的可能。这对于未来的语言习得是非常重要的,没有这样的特点,语言习得可能就会停止。

其次,自由变异的时长可能是习得难度的一个指标。自由变异的时间越长,意味着不同变体之间的竞争越激烈,学习者尝试和选择的难度越大。前述9种出现自由变异的句法语境,经历的时长各不相同。3种达到目的形式—后系统变异的句法语境中,④(含“没有”否定词)仅经历了1周的自由变异,即进入目的形式的稳定阶段,习得难度最小;⑤(表示经常性动作行为)经历3周;②(“……的时候”从句)则经历了8周,习得难度最大。5种最后阶段为偏误&目的形式—自由变异的句法语境中,自由变异的时长从高到低如下：⑦(含时段宾语)(51 周)，①(含“不”否定词)(41 周)，⑨(“去 + 动词”连谓结构)(22 周)、⑧(表持续或正在进行)(15 周)、⑥(“以后”从句)(11 周)、③(含程度补语)(9 周)。可以看到，这 5 种句法语境经历的自由变异时长，最短的也比前 3 种中最长的要长，再次证明其习得难度比前 3 种都大。

自由变异的普遍性也得到了其他研究的支持。如 Larsen-Freeman(1997)曾举过一个学习者习得英语过去式的经典例子：一开始，学习者能正确生成过去式的规则形式和不规则形式，但在接触了更多的目的语信息之后，却出现了看起来具有大量随机性的混沌状态，通常情况是规则过去式-ed 被泛化使用到不规则过去式，规则过去式和不规则过去式交替出现，而这些不规则过去式动词在上一阶段已经能被正确生成。不过，随着目的语输入的继续，过去式形式表现出的混沌会平息，学习者的语言经过重组再次回到有序，如同本文的 3 种目的形式一后系统变异一样。此外，Ellis(1985)提到在系动词 be 的使用过程中，缩写形式和零形式两种变体会在相同的情景、接近的时间段中交替出现；一个 11 岁的葡萄牙语男孩在学习英语时，会交替使用 No V 和 Don't V 两种变体。Vogel & Bahns(1989)发现英语的动词原形会和进行体交替出现形成自由变异；王建勤(1997)发现学习者在一段时期会交替使用“不”和“没”两种否定结构。因此，自由变异可能是习得过程中的一个普遍机制，在语言系统或子系统的发现过程中发挥重要作用；而系统变异常常是自由变异的前奏或结果。

四、结语

“了”在句法语境中的习得，自由变异显然发挥了重要作用。那么，是否存在某些语言形式的习得，不须经历自由变异阶段，就能直接达到稳定的系统变异阶段呢？从理论上来说，应该是存在的，比如有些语言形式可能习得难度特别小，学习者很容易就能把握，有可能在相当长的观察期内都不会出现目的和偏误形式的交替使用。但就当前的研究成果看，自由变异仍然是更普遍的机制。

本研究没有发现“了”的显形式、少用和错用偏误在句法语境中的分布，意味着这些形式的使用需要从语言的其他层面进行研究，比如语篇层面。由于语篇的复杂性和多变性，有关“了”上述变体的未来研究可能要面临更大的挑战。

参考文献

陈　晨（2011）留学生汉语体标记习得的实证研究，中央民族大学博士学位论文。

陈楚芬（2005）面向泰国汉语教学的现代汉语“了”的考察，南京师范大学博士学位论文。

陈德铭 (2011) 印度尼西亚学生学习汉语时态助词“了、着、过”的偏误分析,华东师范大学硕士学位论文。
崔立斌 (2005) 韩国学生对“了”的误用及其原因,《语言文字应用》第5期。
郭春贵 (2010) “了”的病句倾向——日本学习者常见的错误,《中国语学习》第3期。
哈立德 (2013) 苏丹学生习得动态助词“了”的偏误分析——基于阿语汉语完成态的对比,西北师范大学硕士学位论文。
韩在均 (2003) 韩国学生学习汉语“了”的偏误分析,《汉语学习》第4期。
黄伯荣、廖旭东主编 (1991)《现代汉语》(增订二版),北京:高等教育出版社。
李国芳 (2011) 以英语为母语的留学生习得“了”的偏误分析,华东师范大学硕士学位论文。
李兰霞 (2011) 动态、系统理论与第二语言发展,《外语教学与研究》第3期。
李兴亚 (1989) 试说动态助词“了”的自由隐现,《中国语文》第5期。
刘汉武,丁崇明 (2015) 汉语“了”在越南语中的对应形式及母语环境下越南初级汉语学习者“了”的习得,《语言教学与研究》第4期。
刘　琳 (2013) 蒙古国学生“了”字句偏误分析,吉林大学硕士学位论文。
刘勋宁 (1990) 现代汉语句尾“了”的语法意义及其与词尾“了”的联系,《世界汉语教学》第2期。
刘勋宁 (1999) 现代汉语的句子构造和句尾“了”的语法意义,《语言教学与研究》第3期。
刘月华、潘文娱、故　韡 (2003)《实用现代汉语语法》(增订本),北京:商务印书馆。
吕文华 (2010) “了”的教学三题,《世界汉语教学》第4期。
陆俭明、郭　锐 (1998) 汉语语法研究所面临的挑战,《世界汉语教学》第4期。
梅　丽 (2003) 日本学习者习得普通话舌尖后音的语音变异研究,北京语言大学硕士学位论文。
亓　华 (2000) 日本留学生汉语语段表达中母语“た”的特殊迁移现象分析,《北京师范大学学报》(人文社会科学版)第6期。
彭　臻、周小兵 (2015) 越南留学生汉语体标记“了$_1$”习得研究——基于情状类型的考察,《广西民族大学学报》(哲学社会科学版)第1期。
屈承熹 (2006)《汉语篇章语法》,北京:北京语言大学出版社。
孙德坤 (1993) 外国学生现代汉语“了·le”的习得过程初步分析,《语言教学与研究》第2期。
孙　鑫 (2012) 对留学生的“了”的习得偏误分析,上海外国语大学硕士学位论文。
饶宏泉 (2012) 从时间推进的三个层面看体标记“了”的篇章功能,《语言科学》第4期。
王红厂 (2011) 俄罗斯留学生使用“了”的偏误分析,《汉语学习》第3期。
王建勤 (1997) “不”和“没”否定结构的习得过程,《世界汉语教学》第3期。
武　波 (1997) 过渡语变异琐谈,《解放军外国语学院学报》第2期。
肖任飞 (2010) 越南留学生“了”字句习得的偏误,《云南师范大学学报》(对外汉语教学与研究版)第4期。
徐晶凝 (2014) 叙事语句中“了”的语篇功能初探,《汉语学习》第2期。
徐晶凝 (2016) 主观近距交互式书面叙事语篇中“了”的分布,《汉语学习》第3期。
玄美兰 (2004) 日本学生汉语“了”字句习得偏误分析,延边大学硕士学位论文。
杨素英 (2016) “体假设”及“了”“着”的二语习得,《世界汉语教学》第1期。
杨素英、黄月圆 (2009) 句法结构对二语时体系统习得的影响,蔡金亭编《中国学生习得英语时体的实证研究》,北京:世界图书出版公司。
杨素英、黄月圆、曹秀玲 (2000) 汉语体标记习得过程中的标注不足现象,*Journal of the Chinese Language Teachers Association*(3)。

杨素英、黄月圆、孙德金（1999）汉语作为第二语言的体标记习得，*Journal of the Chinese Language Teachers Association*（1）。

叶 南（2006）“了”在单句、复句和语段中的时体意义及其分布，《西南民族大学学报》（人文社科版）第7期。

赵立江（1997）留学生“了”的习得过程考察与分析，《语言教学与研究》第2期。

周小兵、欧阳丹（2014）日本学习者句末助词“了$_2$”的习得情况考察，《华文教学与研究》第4期。

朱德熙（1982）《语法讲义》，北京：商务印书馆。

de Bot, Kees, Lowie Wander & Marjolijn Verspoor（2005）*Second Language Acquisition: an Advanced Book*. London/New York: Routledge.

Ellis, R.（1985a）*Understanding Second Language Acquisition*，上海：上海外语教学出版社。

Ellis, R.（1985b）Sources of Variability in Interlanguage. *Applied Linguistics*, 6.

Larsen-Freeman, D.（1997）Chaos/Complexity Science and Second Language Acquisition. *Applied Linguistics*, 18(2).

Larsen-Freeman, D.（2006）The Emergence of Complexity, Fluency, and Accuracy in the Oral and Written Production of Five Chinese Learners of English. *Applied Linguistics*, 27(4).

Larsen-Freeman, D., & L., Cameron（2008）Research Methodology on Language Development from a Complex Systems Perspective. *The Modern Language Journal*, 92(2).

Wen, Xiaohong（1995）Second Language Acquisition of the Chinese Particle Le. *International Journal of Applied Linguistics*, 1.

Wen, Xiaohong（1997）Acquisition of Chinese Aspect: an Analysis of the Interlanguage of Learners of Chinese as a Foreign Language. *Review of Applied Linguistics*, 117－118.

Teng, Shou-hsin（1999）The Acquisitio of“了・le”in L2 Chinese. *Chinese Teaching in the World*, 1.

Schmid, M. S., M., Verspoor, & B., MacWhinney（2011）Coding and Extracting Data. In M., Verspoor, K., de Bot, & W., Lowie (Eds), *A Dynamic Approach to Second Language Development: Mothods and Technique*, 39－54. Amsterdam: John Benjamins Publishing Company.

Schmidt, M.（1980）Coordinate Structures and Language Universals in Interlanguage, *Language Learning*, 30.

Tarone, E.（1983）On the Variability of Interlanguage System. *Applied Linguistics*, 4.

Thelen, E., & Smith, L. B.（1994）*A Dynamic Systems Approach to the Development of Cognition and Action*. Cambridge, MA: MIT Press.

van Dijk M.（2003）*Child Language Cuts Capers: Variability and Ambiguity in Early Child Development*. Ph. D. Dissertation. University of Groningen.

Verspoor, M., Lowie, W., & van Dijk, M.（2008）Variability in L2 Development from a Dynamic Systems Perspective. *The Modern Language Journal*, 92.

Vogel, T. & J. Bahns（1989）Introducing the English Progressive in the Classrom: Insights from Second Language Acquisition Research, *System*, 17.

（李兰霞，北京交通大学语言与传播学院，lilx@bjtu.edu.cn）

“好吧”在网络交际中的话语立场表达研究*

刘红原　聂　丹

提　要　本文从互动交际的角度观察和分析了微信语言中广泛使用的“好吧”这一话语成分，得出“好吧”在不同使用环境中充当建立统一立场的互动标记的结论：处于话语发起行为中的“好吧”是一个将听话人拉入统一立场的互动标记；处于话语应答行为中的“好吧”则是一个加入听话人立场的互动标记；同时，位于微信朋友圈状态或者公众号文章标题中的“好吧”，虽然处于非对话而是“独白式”的话语行为中，但同样体现了放弃原有立场、建立统一立场的互动功能。

关键词　“好吧”；立场；互动标记

一、引言

“好吧”这一话语成分在微博、微信、qq、贴吧等网络交际平台频繁出现，其意义似乎随语境不同而有许多变化，难以捉摸和归纳。微信现已成为最普遍的网络交际方式，微信语言虽然是以文字方式呈现，但具有口头语言的一般特征，体现出互动性和动态浮现的特点。本文将从微信平台入手，分析不同使用环境中“好吧”的互动功能。

“好吧”这一话语成分经常出现在微信聊天话语中，也出现在微信朋友圈状态和公众号文章标题中。另外，“好吧”还和其他小句一起组成固定表达，在网络交际中非常流行，如“好吧，你赢了。”“好吧，我也是醉了。”“好吧，是我污了。”这些表达里的“好吧”具体表示什么样的话语意义和功能，也是值得我们探究的问题。

学界关于“好吧”的研究，目前主要集中在话语标记和语用功能这一块。张晓传(2013)认为，“好吧”在疑问和应答功能的基础上，虚化为话语标记，分别具有提请对方注意、话轮转接、话轮延续等功能。刘娟娟(2013)通过分析微博语料，总结了“好吧”的两大语用功能：交际互动功能和语篇组织功能。其中前者包括：弱化语力，缓和对面子的威胁；增强语力，提醒对方注意，引出评价，表明立场态度。后者包括：话题起始标记、话题结束标记、话题转换标记、话题信息补充标记、彰显话题背景。韩影(2015)从“好

*　本文是北京语言大学2017年研究生创新基金项目“‘好吧’在网络交际中的话语立场表达研究”(项目编号：17YCX084)的成果之一。

吧"的不同用法、不同语用意义中总结出"好吧"体现了语用学的合作原则和礼貌原则。杨佑文、管琼(2016)认为话语标记语"好吧"具有明示推理、情感凸显和话轮转换等功能。我们认为,"好吧"作为一个在网络交际中高度流行的标记语,在会话主体交际过程中应该发挥了特殊的互动功能。本文拟从互动交际的角度出发,基于微信语料来探讨"好吧"在网络交际中的互动标记功能。

二、"好吧"作为互动标记的界定

本文搜集了一些真实自然的微信语料,自建了一个关于"好吧"的小型微信语料库(下文所引例句均来自此语料库,不再注明出处)。通过整理归类后发现,"好吧"在微信交际中经常充当一个互动标记,发挥话语立场表达的功能。所谓互动标记,就是说话人为了凸显自己的交际意图,帮助听话人理解自己的交际目的而使用的一种语言手段。需要说明的是,本文讨论的"好吧"不包括现代汉语常见的几种语义比较实在的存在形式。列举如下:

位于小句句末,由语气词"吧"附着在形容词"好"之后,形成"V/N+性质形容词'好'+吧"的结构,"好"与"吧"是分离的关系,表"健康""妥当""令人满意"等语义。如下例中的"好吧"表示的是对对方健康状态的询问:

(1)M:你现在胃口好吧?(表情:哈哈大笑)

S:我特别好,特别能吃~

M:非常好。

作为"X不X"类附加问句的肯定变体,即作为"好不好"的肯定表达式,附加于非疑问句之后,表询问、征询意见等。如下例中,"好吧"表示征询对方的意见:

(2)Y:快递给我发短信了。我去拿一趟吧。

X:去拿呗。

Y:你到时候来南门接我。好吧?

X:好。

用在对话的应答句中,表接受、赞同等,多用于句首或单独使用,有时也以"那好吧"等变体形式出现。下例属于比较特殊的情况,变体"那好吧"前已经存在针对前一说话人话语做出回应的语句。

(3)S:中午别等我啦,万一我又被拉去陪饭,我最近好危险。

Y:是吗?那好吧。

S:你好好吃饭饭哈!

Y：好捏。（“好捏”是“好呢”的萌化变体。）

以上三种具有实在语义的“好吧”均不在本文讨论范围之内，我们将重点关注网络交际中比较特殊的几类“好吧”的用法，它们在意义上相对抽象，难以体会，是网络交际中独有的用法。经过统计，这样的“好吧”占我们所收集语料的90%以上。如下例最后一个话轮中出现的“好吧”，它处于应答话轮中，不具备实在的语义，我们也无法从其组成成分推导出其话语功能：

(4) Y：鲁迅的一篇小说里说给孩子取名字根据他们出生的重量，比如有一个孩子出生时九斤，就名叫九斤，等她七八十岁的时候，大家叫她九斤奶奶，（表情：憨笑）很有意思。

M：哈哈哈哈，好吧，等着你儿子出生。其实如果是九斤，女孩叫做九儿，很好听。

Y：哈哈，九斤估计生不出，S加油。

三、“好吧”的话语立场表达功能

Brown & Yule (1983：1)在谈到语言的功能时，提出了“信息功能（transactional function）”和“互动功能（interactional function）”两类。前者陈述事实，后者用来表明社会关系或个人态度。通过观察我们发现，“好吧”在交际中充当的主要是说话者与听话者进行互动交流的标记，说话者借助“好吧”表明自己的个人态度，并就特定的话语内容或话语行为与听话者形成统一的立场。

关于立场（stance）的概念，Du Bois(2007：163)提出了一个统一的话语立场观念框架，即话语立场表达模型——立场三角（图1），为立场研究提供了一个有效的分析工具。在该三角模型中，立场是根据主客观以及主观交互性三者取向范围联系的社会行为。具体来说，立场表达行为含有三个元素：立场主体1（stance subject1）、立场主体2（stance subject2）和立场客体（stance object），前二者通常为互动双方，立场客体指的是互动者所谈论的话题或焦点（人物、事件、问题等）；在表达立场的行为中，立场发出者评价（evaluate）客体，定位（position）主体，并调整主体间的立场（align），亦即发生立场的统一或分离。因此可以说，所谓立场，就是以公开的行为在社会文化领域中对客体进行评价，对主体进行定位，并调整主体间的立场。评价、定位和调整是立场表达的三个方面，同时发生于立场表达行为中，相互依存，不可分割。在下文的分析中，我们将重点采用立场三角模型，来分析“好吧”的立场表达功能。

立场表达是一个言语互动过程，互动参与者以会话的方式利用各种语言手段（语音、形态、词法、句法等)在互动的过程中表达立场,"立场通常成对地由互动双方来建构",这就是所谓的"共建立场"。"共建立场"作为一种会话行为,由交际双方合作完成。本文认为"好吧"在网络交际中体现的正是"共建立场"的互动功能,会话主体公开对某一客体进行评价、表明态度,并以互动标记"好吧"为标志表达公开的统一立场。

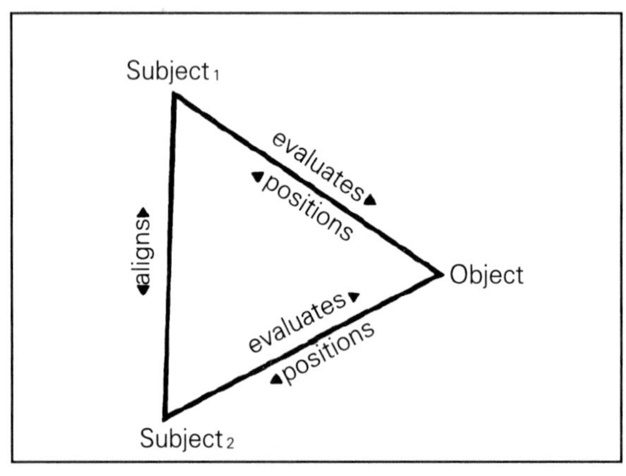

图 1 立场三角

下面我们将依据"好吧"在不同的话语行为中发挥的立场表达功能进行讨论,并以此为基础探讨"好吧"的核心立场表达功能。

3.1 发起行为:将听话人拉入统一立场

在这一类型中,"好吧"位于小句句末,句尾有时会带有疑问标记"?",有时则是陈述语气。我们观察发现,在具体的用例中,"好吧"的疑问意义已经消失,取而代之的是强烈的不容置疑的肯定语气,所以在这种功能中,陈述句和疑问句差异不大,句末用句号或问号都可以。说话者通过陈述事实或对客体做出评论,表达个人强硬的态度,同时听话人也被拉入他/她的立场,不容对立。因此这种表达发起行为的话语对于听话者做不做应答实际上没有强制性要求。如:

(5) L:起床了?

Y:对滴。你说的是 J 吧? 哈哈哈。

L:对。

Y:U r not home?

J:我 9 点起了<u>好吧</u>。

Y:(表情:强)跟我一样。

J:哈哈,9 点起还很自豪的样子,L 肯定这样说。

这是一个三人参与的微信群对话,J 因为 L 和 Y 在对话中谈到了她可能还没起床,而事实是她已经起了,所以对两人的说法表示不服气,因此 J 在表申辩的陈述句句尾用了互动标记"好吧",试图将听话者拉入其统一立场,即"J 九点已经起床了"这个事实是确凿无疑的。

通过观察表达发起行为的微信语料,我们发现,"好吧"所黏附的小句一般都是陈述句,陈述某个事实或者说话人的某种观点,即主体对客体的某种评价。这跟我们前文提到的立场理论和分析模型是一致的:说话者通过陈述行为对客体进行评价,并对自己作为会话主体进行定位,同时通过"好吧"这一互动标记,建立与其他会话主体的联系,将其拉入到统一的立场中来。

另外我们前文提到语言的两种功能,即信息功能和互动功能,前者陈述事实,后者用来表明社会关系或个人态度。"好吧"附加在陈述事实或表达态度和评价的话语之后,企图与交际对象建立统一的立场,发挥的正是充当互动标记的功能。我们再看一个例子:

(6)(话题背景:这是一个微信群会话,三人在讨论蛀牙的问题。)

L:还真是会掉啊?

J:医生说我保持得还可以好吧,没有蛀到里面,不然要神经坏死好吧,这肯定归功于我早晚刷牙。

Y:(表情:偷笑)

说话人连用两个"好吧",借用医生的观点强调了"我的牙因为我保养得好所以不是很严重"这一事实,同时通过互动标记"好吧",试图将听话者拉入其统一立场。

"好吧"除了处于发起行为中外,还经常作为应答语位于应答话轮里,它既可以单独构成话轮,也可以与其他话语成分一起构成话轮。

3.2 回应行为:加入听话人立场

在这种话语行为中,"好吧"位于反馈性应答位置上,并非针对前一说话人话语内容表达具体的接受、妥协或者承诺,而是一个互动标记,是对先前话语的一种象征性的回应,处于"引发句+'好吧'"的话语互动模式当中。我们的微信语料库里有很多这种类型的例子,如:

(7)Y:也需要考对吧?

C:审核之后也要考试……嗯,比我们更吓人。

Y:好吧。

在这个对话中,交际双方在讨论一个考试,当 C 说完考试的程序并做出自己的评价时，Y 用互动标记“好吧”做出了回应，加入对方立场，与对方达成统一立场。

与发起行为中的立场表达模式有些不同，回应行为中的立场表达是这样构建起来的：前一主体对某一客体做出陈述或评价，也就是我们前文提到的话语互动模式中的“引发句”，本话轮主体借助互动标记“好吧”，既表达对前者关于客体评价的认同，也调整自己与前一会话主体间的立场关系，即加入对方立场，与对方达成统一立场。

就其使用环境而言，在反馈性应答位置上的“好吧”，既可以像上例一样以单句构成话轮的形式出现，也可以与其他话语成分一起构成话轮。如：

(8)M：为啥大家都买东西？

Y：因为这是一个仪式，哈哈哈哈。

S：哈哈哈哈哈。

Y：就像春节要放爆竹。

M：好吧。吃瓜群众表示不太懂。(表情：悠闲)

S：我倒是没买到双 11 便宜的，但是也买了一堆。

上例中 M 就“双 11”提出了一个问题，Y 做出了解答，但关于这件事情，听话者 M 内心的想法是“双 11 一定要买东西甚至已经成为一种仪式这件事情我是不太懂的”，但 M 为了不驳 Y 的面子，也为了交际的顺利进行，通过“好吧”这一互动标记加入了对方的立场，与对方达成统一立场。在结构上，“好吧”的后面还有一个句子做补充性的申述，共同构成一个话轮。另外，与“好吧”一起构成话轮的其他话语成分也可以出现在“好吧”前面，如：

(9)M：下班了？去哪吃饭啊？我想去吃个菜。

Y：晚上不吃啦。

M：哇哦。

Y：坚决不吃啦。(表情：囧笑)

M：我的妈呀，好吧。

上例中 M 想约 Y 一起去吃晚饭，但 Y 说自己晚上不吃东西了(因为想减肥)，M 先是发出了一句感叹，然后加上了互动标记“好吧”，加入对方的立场，表示与 Y 在立场上达成一致，但我们可以看出 M 内心是不赞同 Y 的做法的，这一点通过表示惊讶的感叹结构“我的妈呀”就可以证明。

在我们统计的语料中，“好吧”位于回应行为这一类型是占比最大的，在我们的微信语料库中占 87%，在话轮中的位置也很多样，前后都可以出现其他的句法成分，如前文中的例(4)，亦可以单独构成一个话轮，如例(7)。在会话交际中，反馈性应答话轮中的“好吧”，是一个加入对方立场，表示达成统一立场的互动标记，它增加了交际双方沟通的顺畅性，维持了和谐的交往模式。

3.3 独白行为：放弃原有立场

除了我们上文讨论的会话语境，“好吧”这一单位也经常出现在非对话性的话语中，如在微信朋友圈发布的状态、转发帖子时的评论或者微信公众号文章的标题中经常会出现这个话语成分。虽然没有明显的交际双方，没有形成二元对立的会话结构，但由于网络交际具有极强的交互性特征，所以这种“自言自语”式的话语是有其隐含的交际对象的。另外，在这种类型中，“好吧”出现的位置较为自由，可以位于话轮的开头、中间或结尾。

在互动交际中，说话者在组织语言的过程中，总是会时刻关注和调控交际双方的人际关系、社会地位等因素，以保证交际意图的顺利传达，良好人际关系的维系。“好吧”作为一个互动标记，出现在这种“独白”式的话语中时，表达的是与其隐含的交际对象的互动。这种隐含的交际对象，可以是话语中明确提到的人，也可以是在话语中自始至终并未出现的人，还可以是所有能看见说话者微信朋友圈动态的人。如下面的例子：

(10)Party all weekend! ——好吧，我承认，我本学期的 weekend 从周四开始。减肥大计年后再议。我酒量有多少？咱就没被探到过底儿！好吧，我承认我就没咋喝过白的。

这是一条微信朋友圈状态，在这个语段中，说话人连续用了两个“好吧”，从前后文的语义关联上我们可以看出，互动标记“好吧”在这里表示的是说话人主动放弃自己的立场，建立一个与隐含的听话人(能看见说话者微信朋友圈动态的人)统一的立场，即“其实我的周末是四天”和“其实我酒量一般”。

我们依旧运用“立场三角”分析模型，看看在独白行为中立场表达是怎样构建的：首先，在这种独白行为中，说话者本来是有一个既定的预期或立场的，它可以从前后文观察可知，也可以在前后文中是隐现的状态，但对读者亦即另一会话主体来说，这是可以推论出来的；然后，说话者通过互动标记“好吧”对既定的立场做出让步，借此对客体进行评价，对自我主体进行定位，同时调整与隐含的交际主体间的立场关系，主动放弃个人原有立场。

“好吧”除了出现在这种“独白式”朋友圈状态中以外，还经常出现在公众号文章的标题中。如下面这几个标题：

(11)好吧，我从来不知道，鹦鹉也这么搞笑。

(12)好吧，又跌了，本怪依然看不到买入理由。

(13)好吧，我服了，猪栏可以成酒吧：隐于乡野。

如果在公众号搜索栏里键入“好吧”二字，会出现大量这样的标题。虽然是文章标题，但它们依然体现了微信话语的互动性：作者对某一事物或状态本来已有既定的预期或设想，但是文章呈现的内容让他/她有所改观，所以通过互动标记“好吧”就个人原有立场做出让步，与读者达成统一立场。这也算是作者在构拟标题时采用的一种以退为进的手法，以强调文章内容的非凡性，吸引读者的注意。

总结发现，不管是在话语发起行为中将听话人拉入统一立场，在回应行为中加入听话人立场，还是在独白行为中放弃原有立场，我们都可以将“好吧”的立场功能表达纳入到“立场三角”的分析框架中来，从客体评价、主体定位和主体间立场调整三个方面对会话行为进行分析，从而总结出“好吧”作为互动标记在不同使用环境中的“建立统一立场”这一核心话语表达功能。

四、“好吧”转化为互动标记的动因

“好吧”由最初的表达具体语义的语言单位发展成一个表达立场的互动标记，是一个渐变的过程，既有语法化的动因，也有会话交际中语用表达需求的动因，下面我们将从两方面进行探讨。

4.1 语法化动因

形容词“好”表示的是“健康”“使人满意”“妥当”“可以”等意思，语气词“吧”表示疑问、祈使等语气，二者组合在一起，单纯表示对客观事件或状态的一种问询，结构上相对分离，如例(1)；慢慢它发展成为固定的搭配形式，疑问句中表示“询问、征询意见”，如例(2)，陈述句中表示“回答、接受、赞同”等，如例(3)。然后由于交际的需要，即说话者和听话者双方的互动，又进一步语法化成了没有词汇意义而只有互动功能的互动标记，依据不同的序列环境，主要有“将听话人拉入统一立场”“加入听话人立场”“放弃原有立场”等功能。下面我们将通过表1呈现“好吧”的虚化过程。

表1 “好吧”的语法化过程

位置	语义	虚化后	互动功能
发起行为中	询问、征询意见	不征求答复	将听话人拉入统一立场
回应行为中	回答、接受、赞同	组织话语	加入听话人立场

而出现在非二元对立会话即“独白式”话语中的“好吧”是网络交际尤其是微博、微信交际平台话语中特有的一种类型，是应答行为中“好吧”发展而来的产物。网络交际

是从现实生活向虚拟空间拓展的结果，这就决定了网络交际的非现场性和虚拟性的特点。因此，在独白行为中，说话者假定有隐含的交际对象，并试图与隐含的互动对象建立起统一立场（经常是在放弃自己原有立场的基础上），以帮助对方正确理解话语，顺利实现说话人的交际意图，达成交际目的。

4.2　语用动因

首先，“好吧”在网络交际中充当表达话语立场功能的互动标记，体现了话语行为的交互主观性，因为它蕴含着说话人对听话人的认同以及对其“面子”或“自我形象”的关注，对双方达成统一立场的期望。吴福祥(2004)指出“交互主观性”是说话人/作者用明确的语言形式表达对听话人/读者自我的关注，这种关注可以体现在认识意义上，即关注听话人/读者对命题内容的态度；但更多的是体现在社会意义上，即关注听话人/读者的“面子”或“形象需要”。另外，交互主观性还能够有效地拉近言谈双方的心理距离（如李小军，2009）。

我们发现，当“好吧”位于发起行为中时，它表示说话人对听话人自我的关照，并期望将听话人拉入其共同立场。而当“好吧”位于应答行为中，表示对前一说话人话语的反馈时，不管说话人对先前话语的真实观点和立场是什么，在表层的话语形式上，说话者都借助“好吧”表示了积极的回应，主动加入到听话人的立场中，试图与其达成统一的立场，反映了对前一说话者的“面子”及“自我形象”的关注，也拉近了与对方的心理距离。我们看下例：

(14)Y：刚做了一会儿健美操，累死我了。

X：不吃饭还运动，你要瘦了，囧。

Y：运动是为了身体健康，运动就不会肩膀痛了。

X：好吧。肩膀还痛哇？

Y：还是坐久了容易僵硬。

会话中X先用“好吧”回应了Y的前一话轮，表示加入Y的立场，与Y达成统一立场。达成一致后，X才将对话转移到另一个话题上。我们看到了X在会话中与交际对象的积极互动和对其话语内容的积极响应。因此，“好吧”反映了说话者不愿意驳对方的面子，而是通过互动标记刻意维护对方的面子，与其达成统一立场。另一方面，在语用功能上我们也看到了说话者对拉近言谈双方心理距离所做出的努力，他不愿意把自己置于与对方对立的位置，反映了交际双方在权势关系上的平等和在亲疏关系上的亲密程度。

其次，按照关联理论的观点，话语理解的过程，就是沿着最小努力的方向推导语境隐含并获得最佳认知效果的过程，任何正常的话语本身传递的就是对关联的最佳期待（Sperber & Wilson，1995）。认知语言学认为，语境是一个心理结构体，是一系列存在于人们大脑中的假设，所以，语境又被称为认知语境，其假设称为认知语境假设。交际过程就是双方认知语境信息或假设的趋同过程，这一趋同的过程涉及语境假设的选择、延伸、调整、顺应、取舍等动态的心理过程，而非交际双方在话语理解之前预先确定的。这也反映了交际是一个意义动态浮现和变化的过程，同样，作为交际的重要话语功能之一，立场表达也是在交际双方互动过程中动态浮现的。

如我们前文所说，互动标记就是说话者为凸显交际意图，帮助听话者理解其交际目的而使用的一种语言手段。“好吧”的使用使前后话语的衔接更为流畅，也凸显了话语本身所蕴含的言者的主观情感和态度，促进听者对言者话语表达真实意图的理解。即使是当“好吧”位于“独白式”的话语中，如公众号文章的标题，作者都是先为读者创造一个认知语境，帮助隐含的交际对象花费最小的努力就能理解自己想要表达的态度或者价值观等，最终双方达成统一立场。比如下面这个公众号文章标题：

(15)好吧，我再也不说，我骑摩托车骑得好了！

这篇文章的内容是一个人骑摩托车的动图，这个人的骑车技术非常好，所以作者在标题里首先直接通过互动标记“好吧”为读者营造一个认知语境，即“我本来以为我的摩托车技术挺好的，看完这个动图，见识了真正高水平的摩托车技术后，我要放弃我之前的立场了”。读者顺着这个语境很容易就能明白文章的内容大概是什么，双方即刻就达成了统一的立场。

五、余论

语言中反映说话者立场和态度的语言手段有很多种，不同语言既有共性也有差异，立场和态度的关键元素是主观性、评价和互动性（Robert Englebretson，2007；姚双云，2011）。经过前文的分析，“好吧”这一话语成分是汉语口语会话中尤其是网络交际中典型的表达立场的互动标记，具备以上三个主要特征。语言交流必须同时满足便于表达和便于理解两个条件，这样才能顺利达成交际的意图。“好吧”作为一个互动标记，帮助交际双方达成了共同的认知，形成了统一的立场，为交际的顺畅进行发挥了不可小觑的作用。具体来说，依据不同的使用环境，“好吧”的立场表达功能表现如下：处于话语发起行为中的“好吧”是一个将听话人拉入统一立场的互动标记；处于话语应答行为中的“好吧”则是一个加入听话人立场的互动标记；同时，位于微信朋友圈状态或者公众号文章标题中的“好吧”，虽然处于非对话而是“独白式”的话语行为中，同样体现了放弃原有立场、建立统一立场的互动功能。

再回到文初的问题,在"好吧,你赢了。""好吧,我也是醉了。"和"好吧,是我污了。"这些网络流行表达中,"好吧"表示什么样的意义和功能呢?其实,经过前面的讨论,我们似乎已经对这些表达中"好吧"的互动功能有了比较清晰的认识,仔细体会这些句子,我们就能发现,"好吧"发挥的还是达成统一立场的互动功能,体现了网络交际的互动性尤其是交互主观性,以建立网络环境下交际参与者之间和谐的交往模式。

本文虽然归结出了"好吧"在网络交际中作为互动标记所发挥的立场表达功能,但尚未对"好吧"的历时发展做纵向的梳理,也没有对"好吧"达成统一立场时说话人的隐含态度是积极还是消极等做细化的分析。另外,我们还可以从认知语言学和功能语言学等角度挖掘更多的理论来解释"好吧"在不同的序列环境中所表现的话语功能。这些都是我们在未来的研究中可深入探究的课题。

参考文献

韩 影(2015)浅析"好吧",《语文教学通讯》第9期。

李小军(2009)语气词"好了"的话语功能,《世界汉语教学》第4期。

刘娟娟(2013)微博中话语标记语"好吧"研究,华中师范大学硕士学位论文。

吴福祥(2004)近年来语法化研究的进展,《外语教学与研究》第1期。

杨佑文、管 琼(2016)话语标记语"好吧"的语用功能,《考试与评价》(大学英语教研版)第1期。

姚双云(2011)话语中的立场表达:主观性、评价与互动评介,《外语教学与研究》第1期。

张晓传(2013)论"好吧"话语标记的形成及其话语功能,《理论界》第9期。

Brown, G. & Yule, G. (1983) *Discourse Analysis*. Cambridge: Cambridge University Press.

Du Bois, J. W. (2007) *The Stance Triangle*. Amsterdam: John Benjamins.

Robert Englebretson (ed.). (2007) *Stancetaking in Discourse: Subjectivity, Evaluation, Interaction*. Amsterdam: John Beniamins.

Sperber, D. & D. Wilson (1995) *Relevance: Communication and Cognition*. Blackwell Publishers Ltd.

(刘红原,北京语言大学国际汉语教学研究基地,liuhongyuan39@126.com;
聂丹,北京语言大学科研处,niedan@blcu.edu.cn)

表处所“在”字句语序解释和汉语认知策略

刘卫强

提　要　本文在对“在”字句的语义描写和语序解释的基础上，从认知策略角度出发，进一步探讨影响“在”字句中“在”字短语位置的语义和认知原则。本文认为，不同语序“在”字句的事件运动模式并不相同，其内部有着静态和动态的区分，“在”字短语的不同位置并不能用时间顺序原则统一解释，而应放到不同的构式范畴下进行讨论。对“在”字句语序解释的探讨应从动静两个方面入手，并结合汉语母语者认知策略展开。

关键词　在 + 处所；认知语法；句法象似性；认知策略；参照点

一、引言

本文所讨论表处所“在”字句指由包含介词“在”的表处所、方位等的介词短语构成的句式。学界对表处所“在”字句的考察，多着眼于由“在”字短语句中位置不同引起的语义变化，以及制约其不同位置的句法语义因素。在这方面，学界已有丰硕成果，这里只举一部分：范继淹(1982)、戴浩一(1985/1988)、崔希亮(1996)、张赪(1997)、沈家煊(1999)、喻咏梅(1999)、王一平(1999)、宋文辉(2007)、张国宪(2009)及张国宪、卢健(2010)等。

对于由“在”字短语位置不同引起的语义变化的描写，学界有大致的共识，一般说来，以主语和谓语动词为参照，“在”字短语在句中的位置有三种情况①：

A：“在”字短语 + 主语 + VP　例：在中国，80%是农村人口。(BCC 现代汉语语料库)

B：主语 + “在”字短语 + VP　例：他在马背上跳。(戴浩一，1985/1988)

C：主语 + VP + “在”字短语　例：他跳在马背上。(戴浩一，1985/1988)

这其中，A 式和 B 式相近，其差别主要在于“在”字短语包含范围大小的不同(参见沈家煊，1999)，为了便于叙述，我们称之为“前置句”，而 C 式则称之为“后置句”。一般

① 如果考虑“在”字短语和宾语的相对位置，C 式还可以再分为在动词和宾语之间及宾语之后两种，但并不影响本文的讨论，故我们采取了相对粗略的分类方法。

认为，在前置句中确指动作发生的处所或状态呈现的处所；在后置句中则确指动作到达的处所或状态呈现的处所（参见范继淹，1982）。有的后置句既可能表示动作到达的处所，也可能表示状态呈现的处所，因而在表示“状态呈现的处所”这一点上与前置句存在着交叠，如“他在沙发上坐着”和“他坐在沙发上”。

而关于该句式语序的解释问题，则有不同的角度和认识，下面展开进一步讨论。

二、时间顺序原则的解释及其问题

2.1　什么是解释？解释什么？

从描写走向解释是现代语言学发展的一个趋势，但当我们面对具体的问题时，我们就不得不思考：什么是解释？解释什么？20世纪，乔姆斯基提出了语言学理论要最终达到“解释充分性”，那这种充分性的判断是基于事实的还是基于理论的？也就是我们是真地能达到对语言事实的充分理解和解释，还是只是在一定的理论框架内达到了一定的充分性。其实，这是解释充分性两个层面的问题，前者是理想层面的，语言学理论的终极目标；后者则是现实层面的，每一种理论实际面对的问题。

就现实层面看来，不同的理论有不同的解释充分性追求，如生成语法自然要追求充分解释大脑内部先天的语言装置和句法运算系统，而认知和功能语法并不认同这样先天装置的存在，自然就不可能有同样的解释充分性追求。也就是说，各家有各家的解释充分性追求。就本文讨论的问题来看，对于由“在”字短语位置不同引起的语义变化的描写，学界有大致的共识，也即我们在该句式的不同形式对应的不同意义有了比较好的描写，那么对其解释，简而言之就是解决为什么这样一种意义要求这样的形式，而那样一种意义则要求那样的形式。

具体到我们的问题上来就是，为什么“在”字短语确指动作发生的处所就要前置，为什么确指动作到达的处所就要后置，又为什么表示状态呈现处所就存在交叠？

2.2　时间顺序原则的解释

在有关制约“在”字句不同位置的句法语义因素的讨论中，时间顺序原则[①]的讨论较多，支持和反对者都各成阵营，下面是被引用最多的相关例子：

---

① 时间顺序原则是句法象似性原则的一种具体体现，简单地说，句法象似性即指语言结构和概念结构存在着自然的联系，语言结构直接映照概念结构。参见沈家煊（1993）。

(1)a. 小猴子在马背上跳。

The little monkey was jumping on the horse's back.

b. 小猴子跳在马背上。

The little monkey jumped on the horse.(戴浩一,1985/1988)

据戴浩一(1985/1988)提出的时间顺序原则,"在"字短语的位置分布符合时间顺序原则,当它表示动作发生的处所或状态呈现的处所时,由于主体需要先到达某个处所才能发生某个动作行为,因此"在"字短语要前置;相反,当它表示物体达到某个处所时,自然先有动作,才有到达,所以要后置。时间顺序原则可以很好地解释例(1)中两句语义的差别。而同时,与之对应的英语句式却强制采用了统一的后置格式,其时间顺序也因此变得模糊。

2.3 时间顺序原则的问题

但是,对于戴浩一的时间顺序原则,既有例外,也有反例,根据戴浩一(1985/1988),时间顺序原则不能解释"在床上躺着 → 躺在床上;在沙发上坐着 → 坐在沙发上;在学校里住着 → 住在学校里"这类变换后意思相近的情况,因为"这组动词表示持续的状态,而不是短暂的动作。'在'字短语和这组动词之间的时间顺序是模糊的,所以 PTS 不起作用"(PTS 即时间顺序原则,参见戴浩一,1985/1988)。

以上是时间顺序原则的例外,是时间顺序原则不能解释、需要靠额外的规则进行说明的例子。另外,还有人提出了一些反例,这些例子被认为与时间顺序原则所述正好相反:

(2)a. 他死在厨房里了。

b. 他在厨房里死了。(陆俭明,2013)

(3)a. 他撒胡椒面在锅里。

b. 他在锅里撒了些胡椒面。(陆俭明,2013)

例(2)中,按照我们的一般认识,"他"应该是先到相应的处所才发生"死"行为的,那么例(2)a 句似乎违背时间顺序原则;例(3)亦是如此,我们一般看来当然胡椒面是先"撒"然后才"在锅里"的,那么例(3)b 句似乎也违背了时间顺序原则。不过也有人不认为这对时间顺序原则构成反例。陆俭明(2013)认为两种语序的识解都可以,只是视角的不同,很难说哪一种合理,都符合时间顺序原则,并不构成反例。

并且,时间顺序原则也并不能解释 A 式和 B 式存在包含范围上大小的不同,也不能从时间顺序原则中得到很好的解释。

三、认知策略和外显手段

笔者认为，如果说因为每个人的视角不同，不同的识解都是可以的，未免带有过多的主观随意性。尽管如此，我们也认识到，不同民族在对世界进行认识的时候存在着策略性的一致性，这样的一致性会通过一定语法外显手段表现在我们的语言中。

3.1　参照点认知策略

1. 什么是参照点认知策略？

时间顺序原则实际上是对"在"字短语句形式与意义之间对应关系的理据的一种解释，但现在看来确实存在一定争议。笔者认为，其实在"在"字短语位置理据的问题上，很难只用一个时间顺序原则统一解释。首先，请看下面的例子：

(4) 汉语：(在) + 参照点 + 方位词 + 的 + 目标点

例：(在)湖中的亭子

英语：目标点 + 介词 + (方位词) + 参照点

例：a pavilion at the center of the lake(张璐，2002)

张璐(2002)认为，以汉语为母语的人和以英语为母语的人在认知策略上存在不同，汉语母语者的认知策略是参照点先于目标点，英语则相反。在人类的一般认知中，存在地点一般被看作参照点，而存在物则被看作目标，这具有认知策略上的普遍性，而汉英两种语言在表达两者时却存在不同先后偏好，这又表明不同民族在认知策略上存在各自的特色，而这些特色正是通过一定语法形式表现出来。

2. "在"字短语语序问题的再认识。

笔者认为，"在"字短语前置时表示"动作发生的处所或状态呈现的处所"，换句话说就是"在某处存在某种动作或状态"。"在"字短语与后边动词结构之间实际上是静态的存在地点和存在物的关系。即"在"字短语前置时事实上遵循了汉语母语者参照点先于目标点的认知策略特色，而不是时间顺序；而当"在"字短语后置时则表述的是一个动态位移过程，自然符合时间顺序原则。两者表达的事件运动模式存在着"静"与"动"的根本区别①。

用图示表示前置句所基于的参照点—目标点图式就是：

---

① 张国宪(2009)和张国宪、卢健(2010)已经认识到并提出了"在"字短语前置和后置两种情况存在着根本性差别，但在两种格式特性的具体认识上，我们存在着很大不同。详见张国宪(2009)及张国宪、卢健(2010)。

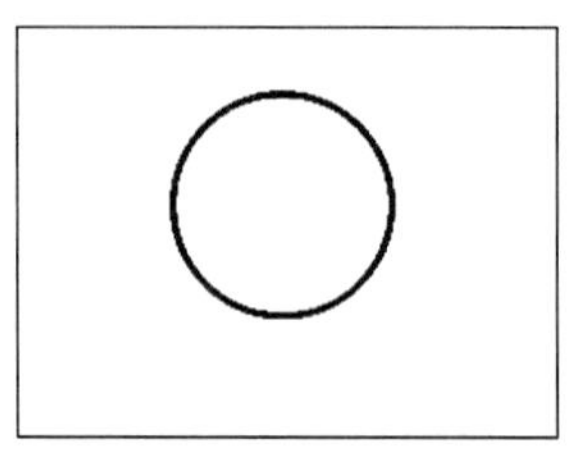

其中，圆圈表示目标点（即一种动作行为或一种状态），矩形表示参照点（即发生或呈现的处所）。

这在“在”字短语做句首状语时（即 A 式）看得更为清楚，此时，“在”字短语表示整句的参照点，后面的内容作为目标整体打包。而做句中状语时（即 B 式），目标物则为后边的 VP，两种情况并不完全相同。范继淹（1982）认为，句首状语的情况下，“在”字短语是外层结构，而句中状语的情况下，则是内层结构。沈家煊（1999）也指出，包容原则可以解释“在”字短语于句首和句中两种情况的表意区别，两者的差别主要是施事主语在不在“在”字短语的范围内。在此，我们引用范继淹（1982）中的两个例子来进一步说明本文的观点：

（5）a. 在院子里，爷爷在乘凉，妈妈在洗菜。

b. 爷爷在院子里乘凉，妈妈在洗菜。（范继淹，1982）

例（5）a 中，由于“在”字短语后面的内容整体打包作为目标，因此“爷爷”和“妈妈”这两个主体以及“乘凉”和“洗菜”都处在“院子”的范围之内，这里充当参照点—目标点框架中目标点的是一个完整的事件；而例（5）b 中，只有“乘凉”和相应的主体“爷爷”可以确定是在“院子”之内，主体“妈妈”和动作“洗菜”的具体位置则无从得出，这里充当目标点的就只是具体的动作行为了。这也印证了汉语母语者参照点总是先于目标点的认知策略。

这可以很好地解释时间顺序原则的一些例外和反例。人类的认知存在着相当的主观性，对于同一对象，由于观察角度和侧重点的不同往往得出不同的认识。因而，当面对一个对象时，有时可做参照点—目标点的识解，而换个角度，则可以看作是一个位移事件的结果。这样就造成了“在床上躺着”和“躺在床上”似乎同义的假象，而实际上，其背后的认知原理并不相同。进一步看，当观察对象不能做其中某一种识解时，则句子就不能成立，如“掉在水里”，很难识解为“在水里发生掉的行为”，构不成参照点—目标点的关系，“在水里掉”就不成立；而“在盆里洗澡”自然很难识解为一个位移过程。

另外，前置句和后置句各自排斥不同的动态助词：

在床上躺着　→　*在床上躺了

在讲台上站着　→　*在讲台上站了

在沙发上坐着 → ＊在沙发上坐了
在学校里住着 → ＊在学校里住了
在屋里躲着 → ＊在屋里躲了
躺在(了)床上 → ＊躺着在床上/＊躺在着床上
站在(了)讲台上 → ＊站着在讲台上/＊站在着讲台
躲在(了)屋里 → ＊躲着在屋里/＊躲在着屋里
住在(了)学校里 → ＊住着在学校里/＊住在着学校里
坐在(了)沙发上 → ＊坐着在沙发上/＊坐在着沙发上(内省语料)

我们知道，一般认为动态助词“了”表示动作完成，而“着”表示一种状态持续，后者带有明显的静态特征。从上述的变换矩阵中我们可以看出“在”字短语不同位置的“在”字句确实带有不同动静特征。

3.2 时间顺序认知策略

1.后置句与时间顺序认知。

正如上文所说，前置句和后置句基于不同的事件运动模式，而后置句表述的是一个一个动态位移过程，用图表示就是：

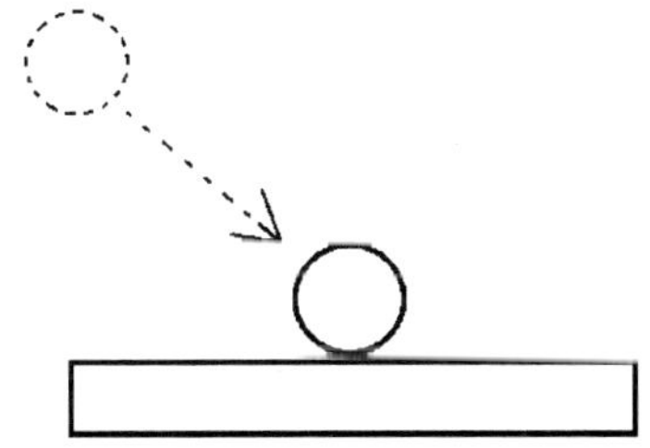

与静态参照点—目标点关系不同，时间顺序在一个动态位移过程中是凸显的。我们认识这样一个动态位移过程时，就必然有对时间先后的认识，而这样认识，也会以一定的形式显示在语言中。也即，笔者认为，在后置句中，戴浩一的时间顺序原则是适用的。时间顺序原则带有明显的动态性，这与后置句的整体语义是相宜的。

2.英语处所句和时间顺序。

根据戴浩一(1985/1988)的分析，人们通常认为英语中表示两种意义范畴时采取了同样的语序，这种语序是强制性的，因而在英语中时间是模糊的。现转写前面的例子如下：

(6)a. 小猴子在马背上跳。

The little monkey was jumping on the horse's back.

b. 小猴子跳在马背上。

The little monkey jumped on the horse.（戴浩一，1985/1988）

如果按照戴浩一（1985/1988）的分析，例（6）a 中的两句应该基于共同的事件场景，而在语序上，汉语的例句是符合时间顺序原则的，而英语的则不符合。这似乎是因为在英语中，介词短语总是后置的，这样的语序设定是强制性的，如果我们调换一下语序，“The little monkey on the horse's back was jumping.”，那么这里面的介词短语就只能认为是“The little monkey”的定语了。这样说来似乎时间顺序在英语中是不凸显的。但时，例（6）b 却是符合时间顺序原则的，我们把例（6）b 简单地说成是介词短语后置造成的巧合，可能过于表面。

另外，还有两点让笔者认为不能就此就认为与汉语相比，在英语中，时间顺序是模糊的：首先，例（6）a 可以通过转换，把介词短语前置于句首形成一种话题句，即“On the horse's back, The little monkey was jumping .”，汉语中亦有类似用法；其次，两种语言还有更多的共同点，时间顺序不只体现在句内结构中，或者应该说更多地体现在分句与分句之间、句子与句子之间按照事件发生的顺序排列上，如果要打乱时间顺序，则往往需要特定的标记，这一点两种语言有相通之处。

就本文的分析来看，汉语“在”字短语的语序可以由两个原则来解释，英语亦是如此。也即例（1）中“小猴子在马背上跳。”反映了汉语的参照点认知策略，而“ The little monkey was jumping on the horse's back.”则反映了英语的参照点认知策略。而英语在参照点和目标点的认知顺序上与汉语是相反的，也即英语应是目标点—参照点。这样一来，目标点—参照点的“ The little monkey was jumping on the horse's back.”和符合时间顺序的“The little monkey jumped on the horse.”语序一致，并不是因为在英语中时间顺序模糊，后置语序是完全强制的，而是，英语和汉语一样，有不同的原则在起作用，只不过两个原则最终的结果都是相同的语序。

简而言之，汉语和英语在这个问题上，大的机制和原则是相通的，但具体的参数①设定却出现了差别，这样使得两种语言出现了不同的面貌，使我们产生了英语时间顺序模糊的错觉。而实际上，英语中这两种情形都采取后置的办法是因为两条原则在参数设定上出现了巧合。当然，汉语中就没有这种巧合了。

3.3 交叠问题

在我们“分而治之”策略的框架下，前置句和后置句的语义交叠问题（也即都能表示状态呈现处所）同样可以得到很好的解决。笔者认为，实际上并不存在真正的等义交

---

① 这里用“原则”和“参数”两个词来说明，只是比喻的说法，并非生成语法原则参数理论中的术语。

叠,出于经济性动因,语言中并不存在两个完全等义、等功能的格式。

在认知语言学的框架下,人类的语言和客观世界并非直接对应的,两者之间存在一个认知空间作为中介。前面所说的语义交叠问题,只是表面现象,其实并不是语义发生了交叠,而是两个格式都可以用于描述同一个事件场景。然而,虽然是基于同一事件场景,由于观察者视角、经验、体验等的不同,会形成不同的概念结构,而如果在语言中允许用不同的形式来区分这些不同的概念结构,那么这样的区别就可以得到外显。我们所讨论的"在"字句的语义交叠问题正是如此,参照点—目标点的"在沙发上坐着",换个角度可以看作是一个动作位移过程的结果,因而"坐在沙发上"其实可以用来表示这一结果,从而造成了前面所说的语义交叠假象。

也就是说,实际并非是语义发生了交叠,而是事件场景发生了交叠。前置句和后置句并不能表示同样的概念结构或者语义结构,但同一个事件场景可以分析为不同的概念结构,故可以用不同的形式表述。

这在语言中是十分常见的,如,不同语言的形式和意义的结合并不相同,在一种语言之中用动词性成分表达的概念,在另一种语言中却用名词性成分表达,在汉语中我们说"禁止吸烟",在英语中却是"No smoking"。在同一种语言内部也是如此,例如前面说的"No smoking"在英语中也可以说"Do not smoke",当然前者在警示牌上更为常见。尽管所指形同,但中介的部分是不同的,也即否定是一个动作,还是否定了一个由动作抽象成的"物体"。

四、统一解释和隐喻拓展

4.1 统一解释问题

在认知语法的研究中,有一种"统一化"的追求,也就是力求用一种解释串联更多相关的语言现象。这样看来,本文采取了分而治之的策略,似乎并未遵循这种"统一化"的追求。其实,问题并不在于我们是否应坚持"统一化"的追求,而在于在实际操作时,哪些现象是相关的,什么因素决定了这些现象之间的相关度。

诚然,通常来讲,形式上相近的语言现象往往相关度会比较高,但我们也需要知道的是,形式上相近的语言现象未必就基于共同的机制。而且,认知语法之所以有这样"统一化"的追求,那是因为认知语法认为语言是基于人类的认知和体验,这样的认知和体验机制既在语言的形成和发展中起着重要作用,也统御着方方面面。故而,形式上相近的语言现象并不一定能用统一的原则进行解释,而形式不太一样的语言现象却也可以用相同的原则进行解释。前置句和后置句固然表面上看只是“在”字短语的位置发生了改变，但就本文看来，其背后的机制恐怕迥然不同，不同语序“在”字句的事件运动模式并不相同，其内部有着静态和动态的区分，而时间顺序带有明显的动态特性，“在”字短语的不同位置宜分析为两种不同的构式，这一点张国宪(2009)已有发现。

4.2 参照点认知策略的隐喻拓展

上面提到统一解释和认知策略，这里要说的是，认知策略中的一些规则往往串联起不同类型的语言现象，而这不同的语言现象之间往往存在隐喻(相似性)联系。正如上文所说，时间顺序并不仅限于句内结构，而实际上应该说更多地体现在分句与分句、句子与句子之间按照事件发生顺序进行排列上。而参照点认知策略在语言中也统御了很多语言现象，下面举例说明。

1.在时间域的拓展。

隐喻是人类赖以生存最基本的认知机制，这是认知语言学的基本观点之一。空间是人类认识世界最基本、最开始的认识对象，空间域的关系，通过隐喻机制，往往可以投射到其他领域，从而形成新的语言形式。这在语言中随处可见，比如：“前、后”原本是表示空间中的顺序，后来引申出表示时间顺序的意义；“长、短”原本是表示空间里距离的度量，后又引申出表示时间的度量的用法。

参照点—目标点，原型自然是空间域中的一对关系，一般来讲体积大的、固定的物体往往是参照点，而相对的体积小的、移动的往往是目标点。在时间域里也存在着参照点和目标点的区别，一般范围较大的时间点为相对较小的时间点的参照点。这样一来，我们不难发现，在空间和时间的表达上，汉语和英语存在相当具有规律性的对应关系。即汉语在表示空间方位时，总是大的在先，小的在后，如“中国河北省保定市”，而英语则完全相反；在时间点的表达上亦是如此，如“2016 年 1 月 15 日”，英文中一般简写为“15 - 01 - 2016”。

2.在社会领域中拓展。

姓氏是家族的象征，而进一步推之，姓氏亦是我们在社会集团中定位一个人位置的参照信息。而汉语和英语在这方面的表达上又构成了极富规律性的对应关系：汉语是姓在先、名在后；而英语是名在前、姓在后。以上举出的这些现象，有人尝试从文化上寻找理据，认为这是由于中国奉行集体主义，而英语国家则奉行个人主义，但现在看来，最直接的原因在于不同民族在参照点的认知策略上存在不同。而至于认知策略与文化环境的相互关系，是文化环境孕育了认知策略，还是认知策略决定了文化环境，这已经超出了本文所要讨论的范围。

五、动词分类及特征归纳

5.1 动词分类

在进行了解释之后，剩下的事情就是我们需要一些可操作的规则和手段来生成合乎语感的句子。笔者注意到，在“在”字句中，“在”字短语并不总是能自由地在不同位置变换：

在床上躺着	→	躺在床上
在沙发上坐着	→	坐在沙发上
在学校里住着	→	住在学校里
在盆里洗澡	→	*洗澡在盆里
在北京工作	→	*工作在北京
掉在水里	→	*在水里掉
扔在地上	→	*在地上扔
在河里流	→	流在河里
在马背上跳	→	跳在马背上

笔者认为，可以从动词的语义特征入手，通过描写动词的语义特征来确定制约语句合法性的语义因素，从而确立一些操作性手段。这在崔希亮(1996)中已有所提及，我们力图将其简化。

具体来说，根据不同的变换情况，我们可以把以上动词归纳为四类：

A类动词，存在两种语序的变换，变换前后语义基本一致，有“坐、躺、跪、住……”等。

B类动词，只能有“在 + 处所 + VP”语序，而不能变换为“VP + 在 + 处所”语序，有“洗澡、工作、打架、说、嚷、叫……”等。

C类动词，只能有“VP + 在 + 处所”语序，而不能变换为“在 + 处所 + VP”语序，有“掉、扔、抛，丢……”等。

D类动词，尽管存在两种语序的变换，但变换前后语义发生了明显变化，有“跳、走、流……”等。

5.2 动词语义特征归纳

那么，是哪些语义特征起到了制约句法结构的作用呢？笔者经过对比发现：

A 类动词的变换前后语义一致，D 类则不一致；A 类动词都具有[+ 使附着]的语义特征，D 类动词则有[- 使附着]的语义特征。如此说来，正是 A、D 两类动词在[使附着]这一特征上的差别导致了两种不同的变换情况。

从这个角度出发，我们可以分辨出 A、D 两类动词的区别。而我们进一步观察不难发现，D 类动词还有[+ 物体位移]的语义特征，这从后一种语序格式上看得更为明了："跳在马背上"中"跳"的主体发生了位移，从别的地方跳到了马背上。只能构成第二种语序的 C 类动词同样也有[+ 物体位移]的语义特征，不同的是 C 类动词发生位移的是动作的客体。但 C 类动词只能动词前置，而 D 类动词却可以进入两种语序，这又是为什么呢？

我们同样可以从动词的语义特征中找到答案。原来，"在河里流""在马背上跳"都表示 VP 动词所表示的动作在某个处所持续发生，而"扔、跑"这些 C 类动词所表示的动作是不能表示持续的（除非带上一个宾语）。也即 C、D 两类动词的主要区别是，前者有[- 动作持续]的语义特征，后者则有[+ 动作持续]的语义特征。

再看 B 类动词，不难发现，"在盆里洗澡""在北京工作"也是表示动作在某个处所的持续或常态发生，但与 D 类动词不同的是 B 类动词不表示物体的位移，所以只有一种语序。也即，B 类动词有[+ 动作持续][- 物体位移]的语义特征。

回头看 A 类动词的变换后，我们通常认为 A 类动词的变换前后的语义是相同或一致的，但正如前面所说，实际并非是语义发生了交叠，而是事件场景发生了交叠，两种语序所对应的概念结构是有根本性区别的。之所以能有这样事件场景的交叠，如果从动词看来，其实，A 类动词除了有[+ 使附着]的语义特征，也还有[+ 物体位移]的语义特征。

我们在引入参照点认知策略时指出，前置句和后置句各自排斥不同的动态助词，前置句排斥表示动作完成的"了"，而后置句排斥表示状态持续的"着"。这样看来，前置句中的动词多带有[+ 使附着][+ 动作持续] 的语义特征，而后置句中的动词则多带有[+ 物体位移]的语义特征。

综上，把这些起到制约性作用的特征归纳如下：

	使附着	动作持续或反复	物体位移
A 类动词	+	+	+
B 类动词		+	
C 类动词			+
D 类动词		+	+

前置句一般表示静态的附着或动作持续义，而后置句则表示物体发生了位移。A类动词既包含[+使附着]的语义特征，也包含[+物体位移]的语义特征，故可以有两种语序变换；B类动词只有[+动作持续]的语义特征，只能有前置语序；C类动词与B类相反，只有[+物体位移]的语义特征，只能有后置语序；D类动词有[+动作持续][+物体位移]的语义特征，在前置语序中表示动作持续，在后置语序中则表示物体发生了位移。

六、结语

本文主要讨论了表处所"在"字句的语序解释问题，认为尽管形式上前置句和后置句相近，但是二者在认知机制和策略上有根本性区别。两者应用两个原则来解释"在"字短语的语序问题：参照点原则解释前置句，时间顺序原则解释后置句。本文进一步归纳制约句子合法性的一些动词的语义特征，从而归纳出一些操作性手段。同时，本文还认为，在跨语言对比中，我们不能简单地认为时间顺序在英语中是模糊的，英语与汉语实际上存在着一些平行现象，英语在相关句式中也存在着不同的机制，也应采取分而治之的策略。

参考文献

崔希亮（1996）"在"字结构解析——从动词的语义、配价及论元之关系考察，《世界汉语教学》第3期。

范继淹（1982）论介词短语"在 + 处所"，《语言研究》第1期。

陆俭明（2013）《现代汉语语法研究教程》(第四版)，北京：北京大学出版社。

沈家煊（1993）句法的象似性问题，《外语教学与研究》第1期。

沈家煊（1999）"在"字句和"给"字句，《中国语文》第2期。

宋文辉（2007）再论影响"在+处所"句法位置的因素，《语言教学与研究》第4期。

王一平（1999）介词短语"在 + 处所"前置、中置和后置的条件和限制，《语文建设》第5期。

俞咏梅（1999）论"在+处所"的语义功能和语序制约原则，《中国语文》第1期。

张 赪（1997）决定"在 L + VP"或"VP + 在 L"的因素，《语言教学与研究》第2期。

张国宪（2009）"在+处所"构式的动词标量取值及其意义浮现，《中国语文》第4期。

张国宪、卢 建（2010）"在+处所"状态构式的事件表述和语篇功能，《中国语文》第6期。

张 璐（2002）从东西南北谈汉英语语序所反映的认知过程，《语言研究》第4期。

Tai, James H-Y (1985) Temporal Sequence and Chinese Word Order. *Typo-logical Studies in Language*, Volume 6. 戴浩一《时间顺序和汉语的语序》，黄河译，《国外语言学》1988年第1期。

（刘卫强，北京语言大学语言科学院，627931179@qq.com）

文化、跨文化、语言交流的重新命题*

卢德平

提　要　在传统的文化理论看来，语言是文化的组成部分，但语言的符号性和可传达性，又使其具有其他文化元素所不具备的表达能力。事实上，当我们透过各种文化现象去探索其内在规则，去挖掘文化意义时，所有的文化现象都是符号，都成为能指。但文化的储存、表达、传播，特别是在历时意义上的储存和传播，或者更广空间的传播，恰恰又需要语言这种符号性更典型的表达系统。由于语言的生命力在于交流，因此对于语言和文化关系的学术思考，又不断呈现出把文化等同于语言，进而等同于交流的趋势。

关键词　文化；文化实践；语言；语言交流

一、问题的提出

爱德华·泰勒（Tylor Edward B.）的文化定义堪称世界范围文化研究的先驱性宣言，其经典性已是公认。然而，这种文化定义，以及泰勒在《原始文化》一书中沿着这一经典文化定义对于文化演进规律的叙述，对于当今文化研究有何意义，对于认识和理解文化传播，以及作为文化传播典型手段的语言，究竟有何价值，却是现时代的一个传统命题。对于文化研究经典传统的反思，是进行中国文化对外传播理论溯源的需要。自泰勒的文化定义之后，所形成的文化研究的思想线索，又是这种理论溯源必须依据的关键向导。

未能分析文化本质特性，未能解释文化的动态和静态的辩证关系，未能区分文化构成和非文化构成之间的界限，未能界定不同文化形态并置或耦合的可能性，在这样的条件下实施外向型文化推进，可能会带来这样的后果：

第一，文化传播的泛化倾向。文化传播的泛化在于：将一些非文化的要素或不能反映中国民族特性的次要文化要素当作文化精华积极向外推进。

第二，文化传播的文本化倾向。文化传播的文本化倾向表现在将文化产品等同于

* 本文系教育部人文社科重点研究基地重大项目"'一带一路'关联国主要社会场域汉语传播的推拉因素及其对传播过程影响的研究"（项目编号：15JJD740005）的阶段性成果。

文化，或者将成文的文化典籍等同于中国文化的全部。文化是人类主体在和自然分离过程中，在认知、行为，甚至心理等方面形成的规则化系统，而以文化典籍形式出现的文本，不过是这种规则系统的记载。文化系统的再现或再生产方式，除了成文典籍，尚包括生动、具体的社会交往实践。文化的实践性理论恰恰是对文化传播文本化倾向的一种理论匡正。

第三，文化传播过程中对于中国文化理解的均质化倾向。不可否认，中国文化所形成的历史、传统、民族文化模式，具有内在的统一性和系统性，但这种整体的内在统一性是以多个亚文化系统的存在为特征的，也是以多个民族的社会实践活动为其积淀结果；同时，中国民众个体的跨文化交流本身又呈现出以文化统一性为前提的多声部特征(Bakhtin M. M.，1986)。这些都说明，对于中国文化的构成特点，不能采取一种简单均一化的态度。一种简单均一化的文化观实质简化了中国文化对外传播的复杂性。

二、文化定义的经典维度

爱德华·泰勒认为："文化或文明，就广义的民族学意义而言，是那种复杂总体，包括知识、信念、艺术、道德、法律、习俗，以及作为社会成员的人所掌握的其他能力和习惯。"(Tylor Edward B.，1891：1)

第一，这一文化定义的经典性在于揭示了社会进步的本质所在。也就是说，所谓的文化或文明，是人类活动的起始和自然状态的终结(Simmel Georg，1971：227—234)。从这一意义上说，所谓文化就是人类劳作的全部结晶。劳作的结晶既需要储存，又需要表达和传播。劳作的结晶是文化，而对这种劳作结晶的储存、表达、传播是对文化的处置。但是，处置本身又是人的劳作的累积，自然会和原初的劳作结晶合二为一，辩证相融。这样的文化累积规律，植入于悠久的历史传统，使得文化呈现出层级构造。后来者对于文化的传播，不过是对于一种层级叠加的历时人类劳作结晶的传播，很难清晰区分出所传播的是本源文化，还是储存、表达、传播过后的叠加文化。而且，任何传播者本身作为文化的载体或具象，在传播文化的过程中，总是有意识或无意识地将自己对于文化内容的理解、认知投射到传播过程之中，使得传播出来的文化结果具有了更多的丰富性。也正是从这一意义上说，文化是不断发展和演变的。其原初的文化样态总是通过后来者的存储、表达、传播而获得新的内容元素，生成新的文化意义。文化起始于人的劳作而和自然进行了临时的告别。不断的劳作构成了文化发展的先决条件，而自然不过是死而复生的重复，即使一种自然物种也不过是经历着物种的自然性演化，但这绝不是发展意义上的演化。人和自然的区别在于此。人所具有的不同于自然的精神力量为文化的不断发展注入了活力。

泰勒定义中列举的“知识、信念、艺术、道德、法律、习俗”等文化范畴，都是具有发展意义的概念。泰勒的《原始文化》一书以文化的发展视角，对于各种文化形态实施了价值选择，并通过文明的高低阶梯而区分出文化的发展等级。但泰勒的这种文化研究视角，既欠缺对于文化发展所应形成的辩证观，又未能把文化的历时性（时代性）和民族性区分开来。正如庞朴（1986）所深刻阐述的：“只是，文化之为物，不仅具有时代性质，而且具有民族性质。就时代性而论，不同文化类型之间，或因发展阶段之不同，而生先进落后之分，有其价值上的不同；若就民族性而论，不同文化类型之间的差别，正是不同民族文化得以存在的根据，无可区分轩轾。”庞朴先生从时代性和民族性角度切入近代中国的文化研究，触及到文化的阶段可比较性，以及民族意义上的文化独特性。文化的这种民族独特性，实质形成了一个民族的灵魂，为世界各个民族的自立自主提供了文化自信。当多个民族的社会成员以其独特的民族经验相遇时，文化民族性又凸显为跨文化交际的屏障和界限。这似乎是文化在变动不居的过程中显示出的坚强一面，也正是文化的这一侧面，构成了当今世界沟通的困难，但同时也形成了文化传播、文化扩散、文化推广的动力。在文化传播、扩散、推广的过程中，对于多种文化兼容路径的探讨，对于异域文化成员接纳我方文化，与中国文化成员建立“我们”而非“我他”关系的实践，又是一个需要超越文化民族性的目标。这一目标的艰难性实质上在于文化的本质构成。

我们说，文化处于发展之中，是一个具有辩证含义的命题。不是主体人通过自己的努力推动文化各类元素无限度发展，而是文化拥有标准，拥有边界，其内在的规则构成了发展和变化的框架，不同的文化个体都是在文化内在规则规定的限度内发挥着各自多声部的职能。中国人走到外部世界，实质就在传播中国文化，总是透露出中国文化的统一性，也就是说，再有多大的差异都是中国文化限制下的差异，从而区别开欧美等其他类型的文化成员。传统与发展，群体与个体，自由与限制，都是文化发展辩证法的代表性体现。正如人类语言学家古特努所说：“人对于同伙的期待可以视为在感知、相信、评价、交流、行动方面的成套标准。这些标准就构成了归因于同伙的文化。我就是在标准的这一意义上使用文化这一术语。在特鲁可人的行为变化幅度之内，将行为的一些结果归因于特鲁可人，就是依据这样的标准。对于这些标准的描述可以充分反映我们所称作的特鲁可文化。如果在爱尔兰人的行为变化幅度之内，将行为的一些结果归因于爱尔兰乡下人，也是依据一些标准进行运作。那么，我对于这些标准的描述，就充分代表了爱尔兰乡土文化。在这方面，一个民族的文化就如同一个民族的语言。”（Goodenough Ward，1970：99）

古特努所说的文化标准，实质上指的是文化的内在规则支撑的统一性特征。这种文化的统一性特征将不同的文化形态区别开来，也形成了文化之间的界限和无形的屏障。也就是说，由于人类的不断劳作，以及围绕劳作结晶而实施的反思、储存、表达、传播，决定了文化不断发展的趋势。但是，任何文化形态的发展趋势都是一种标准或规则制约下的结果。进一步讲，文化的这种规则体系构成了人们文化行为的深层代码系统，调节着人们的日常文化行为，使之保持一种统一的方向，形成了一个民族生生不息的基本支柱。另一方面，古特努把文化和语言以一种比喻手法并置起来，将文化等同于语言，实质透露了自泰勒的经典文化定义之后，国际学术界所形成的文化和语言聚合的倾向（Samovar Larry A. & Porter Richard E.，2003）。这种倾向既表现在人类学家、语言学家萨丕尔（Sapir Edward）、人类学家列维-斯特劳斯（Levi-Strauss）等人关于文化和语言关系的经典思考之中，也表现在爱德华·霍尔（Hall Edward）关于跨文化交际的创新性论述之中（Kroeber A. L. & Cluckhohn Clayde，1952；Edward Sapir，1921；Levi-Strauss Claude，1963；Hall Edward，1990）。

第二，我们看到，泰勒定义里面强调了文化的社会性，是社会成员通过日常化的社会实践，形成了规范、调整其社会行动的原则、习惯，而掌握了文化的这些原则，并内化为行动的习惯，又是社会实践的本质含义所在。文化的社会性规定了它本质上需要落实到社会成员的社会行动之中，而不能成为任何悬空的规则体系。文化的社会性使得文化的规则体系进入了实践的领域，也使之获得了发展的可能性和生命的活力。泰勒定义的这一内容，实质上又和关于文化发展的内在蕴意产生了关联，也是后来马林诺夫斯基（Malinowski Bronislaw）从功能和制度的社会性角度推进文化定义的先导性基础。

马林诺夫斯基认为，可以从功能和制度两个角度来界定文化，解释文化（Malinowski Bronislaw，1960）。功能和制度视角认为，文化行为应该和人的需求发生关联，而这种关联又是通过社会组织实施的，因此又发生了制度性限制。马林诺夫斯基关于文化的这一实用主义思想，揭示了文化的目的性。这又把泰勒的文化定义从本体的角度切换到目的论的角度。也就是说，文化不能具有自在的理由，人不可能为了文化而建构文化，而是本着实用的目的，相对于人自身的需求，而建构文化。文化的建构又必须以社会组织化方式运行。文化建构中的实用目的，也即文化的功能，不是个体的率性作为，而是受到社会组织规则的限制。这就把泰勒文化定义中的社会性基本落实下来。马林诺夫斯基的文化定义虽不如泰勒定义影响那么大，但由于师承关系，对于费孝通先生提出“差序格局”的中国社会文化模式命题，或许提供了启发（费孝通，1993）。相对于实用目的而言，“差序格局”诠释了信任基础上的中国社会关系的功能半径，而这一点构成了中国社会文化中的修身、齐家、治国、平天下的逻辑序列。

学术史上对泰勒的文化定义不乏微词。当然，无人彻底否定泰勒的文化定义，只是后来者认为需要把泰勒的文化界定落到实处，或者对泰勒文化定义所列的文化范畴进行深度反思。马林诺夫斯基从实用主义的角度反思的结果，提出了文化的功能主义观。克里福德·吉尔茨则认为文化的建构和发展，根本上来源于人类对文化的意义解读和认知。也就是说，在文化意义的解读和认知中，人们发现了文化的价值，以及自身在文化中的精神意义。吉尔茨说："我所阐述的文化概念，以及下面论文所试图证明的文化的功用，根本是一种符号学的概念。正如马克斯·韦伯所认为的，我相信，人是悬置在其编织的意义网络中的动物。我把文化就看作这样的网络，而对于文化的分析，就不是追求法则的实验科学，而是追求意义的解释科学。"(Geertz Clifford，1973：5)问题是，文化的意义定位在何处？是对于文化要素的主观想象性解释呢，还是有实际依据的分析和解读？吉尔茨引入"深描"(thick description)概念，试图从社会生活的日常细节中去透视背后的文化规则，而对于这些渗透于日常生活细节之中，又支配着细节差异的文化规则的解读，就是吉尔茨所说的文化的意义。

问题在于，文化的意义，是否可以作为文化的界定。如果把意义限制为内在的规则，则成为对一种代码系统的追寻。从行动的现象看，很难说哪一种社会行动事先设置代码系统，而谋求以生动的行为去呈现或实践外化于行动本身的规则。当我们把文化界定为观念系统时，也同样面临以行动呈现规则，从而使行动者失去自我操控的困惑。也就是说，把文化的意义视为外在于行动者的外部规则，以人的行为表现为表层，以外在于人的行为的文化意义或规则为深层，则似乎忘却了人的主体性。行动者的主体性和能动性，直接关联到文化的发展性、生动性，也直接关联到文化的影响性。吉尔茨对文化在于日常社会生活的关注触及到文化的鲜活面和生动性，但对于文化意义的设定，或通过对日常社会生活的"深描"，去把握作为规则体系的文化内在代码的研究路径，恰恰形成了难以觉察的自我理论否定。人们在交流实践过程中体现自我的意向性，以充分的主体性去赋予日常社会行动以意义，只是这样的意义赋予或意向性彰显，又受到看不见的内在规则的制约。从这一角度看，文化的意义才获得主客观的统一(Husserl Edmund，2001)。

三、文化、跨文化、语言交流

在传统的文化理论看来，语言是文化的组成部分，但语言的符号性和可传达性，又使其具有其他文化元素所不具备的表达能力。事实上，当我们透过各种文化现象去探索其内在规则，去挖掘吉尔茨所说的文化意义时，所有的文化现象都是符号，都成为能指。但文化的储存、表达、传播,特别是在历时意义上的储存和传播,或者更广空间的传播,恰恰又需要语言这种符号性更典型的表达系统。语言的全民性,以及书面和口语的结合产生的跨越时间和空间的传播能力,突显出语言在表达和传播文化手段上的无可替代的优越性。由于语言的生命力在于交流,因此对于语言和文化关系的学术思考,又不断呈现出把文化等同于语言,进而等同于交流的趋势。这样的趋势在跨文化交际的相关研究中几乎达到顶峰。然而,从语言学史、人类学史的发展历程考察,像人类学先驱弗兰兹·博阿斯虽然承认语言和文化、种族存在着联系,但并不能断定语言是否能决定文化或种族的差异(Boas Franz,1922)。相反,沃尔夫从语言和逻辑或思想的关系入手,认为语言决定了思维(Whorf Benjiamin Lee,1956)。虽然逻辑是思想的再现,其规律折射到语言之中,形成和语言不同的层次,也即维特根斯坦所说的世界、思想(逻辑)、语言三层次,但文化中所沉积的思维规律,或者说,当文化在某种意义上和语言不可分割时,又和思维紧密联系在一起。不能说文化的所有要素都和思维或逻辑发生关联,但当文化通过语言加以表达时,又不可避免地经受逻辑规律的摆布。

列维-斯特劳斯对于语言和文化关系的反思至今尚有启发,同时又通过"结构"概念的引入,而和文化中的逻辑核心发生关联:"语言和文化的关系极其复杂。首先,语言可以说是文化的结果:一个民族所说的语言是对该民族整体文化的反映。但人们也可以说,语言是文化的一部分。如果你能记住泰勒的著名文化定义的话,那么不难发现,文化包含很多东西,诸如工具、制度、习俗、信念,以及当然还有语言。从这一角度看,第二点似乎和第一点问题不同。从第三点看,语言可以说是文化的条件。这又包括两个不同的方面:第一,从历时角度看,语言是文化的条件,因为只有通过语言我们才能掌握自己的文化——受父母教导,受到训斥,获得表扬,都需要通过语言进行。同时,从一种更理论的角度看,语言也是文化的成立条件,原因在于:语言所赖以构成的材料和整个文化赖以构成的材料属于同样的类型,即逻辑关系、对立关系、相互关联性之类。从这一角度看,语言为更加复杂的结构提供了基础,而这些复杂的结构又对应于文化的不同侧面。"(Levi-Strauss Claude,1963:68—69)

语言和文化关系的复杂性,决定了通过语言进入传播过程的文化,又具有更大的复杂性。实际上,在跨文化传播的过程中,语言的传播始终处于代码转换的交接处,是一种语言和另一种母语交换和汇通的过程。所谓跨文化传播,其实又是跨语言传播,而跨语言传播首先呈现的是母语和异域语言的并置、转换、契入的状态。正是由于语言和文化的紧密关系,任何一种语言在基本词汇方面形成了不可更替的核心地带,即使其母语者学一种异域语言,也总是以母语的所指去匹配外语的能指,造成形式转换而内容难以转换的文化根性。

语言学家文瑞奇的研究透视出这样一条重要规律：母语和异域语言在能指和所指的匹配过程上往往经历三个阶段：第一阶段，用外语的能指和母语的所指匹配，只是念出的音、写出的字是外语，而母语文化造就的基本词汇格局毫无变动。也就是说，说出的是外语，但作为文化要素的基本词汇语义场却是母语的。第二阶段，以母语的基本词汇语义场为基础，混合进不同于母语语义场的外语所指成分。这种混合形态，实质上是大量跨文化交际实践所处的状态。但这种混合状态，也显示了异域语言传播的积极结果，即出现了母语者对于异域文化的借鉴。事实上，掌握了这种混合状态，其知识状况变得更加丰富，在原先掌握的母语文化结构上附加上异域的文化知识，使人的知识构成获得了综合，获得了比较。无疑，这对于人的发展和进步是有重要裨益的。第三阶段，完全能掌握外语的能指和所指的连接，从而拥有母语和外语两种基本词汇语义场，通过代码转换，做出准确的对应（Weinreich Uriel，1968）。

跨文化传播过程，既是一门语言向其他母语通行地区传播的过程，同时也是语言和文化紧密结合、分离、并置，并获得重组的过程，而这样的过程似乎只能发生在跨文化传播方面。这也是跨文化传播的艰难、冒险，以及魅力所在。艰难在于三个阶段的梯级提升；冒险在于两种语义场的嵌套可能会导致文化的冲突或理解的困难；魅力在于第三阶段的实现使人拥有了两种文化经验，使人置身于对方的所指结构，理解了异域者。

就母语而言，能指和所指的关联是任意的，无须费时费力谋求二者的结合，其结合的成因来自母语共同体成员之间频繁的社会交往和无意识的纠正之举（Saussure Ferdinand de，1959）。面向异域人士，或面向母语为另一种语言者，能指和所指的关联实质是一件非常复杂、艰难的任务。将能指和所指联系起来，从上述第一阶段的脱节状态，进入整合的第二阶段，并实现所指各自严格对应于能指的第三阶段，是跨文化交际中语言教学的重要任务。这表面上看是语言教学，但实质上是跨文化交际过程中语言教师所履行的文化传播角色，也是实现文化的社会功能跨境整合的使命所在。

福柯曾经精辟地指出，谋求能指和所指的联系，是一个非常漫长的历史任务，而这样的任务湮没在共时状态下，遮蔽了知识探求的过程（Foucault Michel，1989）。福柯的伟大论述实质规定了跨文化交际所要面对的更为艰巨的任务。这个艰巨性体现在：在一种特定文化的历史变迁之中，寻找表达体系和内容结构之间的关系，实现能指和所指的结合，尚有基本的历史脉络可循，而在跨文化交际过程中，不仅面临着不同文化的不同历史变迁过程，而且要在一种共时状态下，推进三个阶段的渐进式变化，又具有福柯理论所不能完全预测的难度。

文化既是系统、结构的，又是实践、行动的。布尔迪的文化实践逻辑恰恰又是对于文化的动态实践过程的理论演绎（Bourdieu Pierre，1990）。在这一著名的文化实践理论之中,“惯习”(habitus)占据了关键的位置。文化生产和再生产的生成性原则构成了“惯习”的基本含义。但是,“惯习”概念的复杂性在于:它既体现了文化生产和再生产的心理动力,又体现了一定的文化模式所设定的原则性向导,同时,这一概念又表现为具体的文化生产和再生产行动的能动性。所以,“惯习”拥有心理、社会、文化等多个维度,并通过多个维度而多元呈现。但这多元和多维之中又体现出高度的统一性。“惯习”概念的价值在于:充分解释了文化生产和再生产实践的动力构成的复杂性。同时揭示了,仅仅局限于文化生产和再生产过程本身,无法解释文化生产和再生产的合理性,而是需要从生产过程前移,同时又扎根于文化的生产和再生产过程,才能深刻解释其复杂原因。布尔迪的文化实践逻辑理论,实质在于解释文化生产或再生产实践活动成立的理由,并通过这种理论的合理化,以指向文化生产和再生产实践的推进。

“惯习”表现出多维性,但实质上,在布尔迪的理论体系中,“惯习”又是一种层次化的结构。在这个层次化结构的底层是社会文化一般原则,涉及文化模式的内核线索。在“敏于行、讷于言、勤于思”的中国文化线索的支配下,一种现实的语言交际,特别是在跨文化交际场合,可以发现,和倡导雄辩才能的异域文化之间产生明显的分化。东方民族听者多,而西方民族言者多,这种表面的文化实践活动的差异,实质上受到文化生产或再生产“惯习”的基础文化原则的无意识影响。其次,可以看到,在这一层次化结构中,除了底层的社会文化原则之外,尚有文化生产或再生产的社会条件、心理态势(表达或传播的冲动)、文化生产或再生产过程的适宜性、对生产或再生产结果的期待等多个层次。文化生产或再生产典型地表现为语言交际过程,而对语言交际过程的“惯习”阐释,又使布尔迪的文化实践逻辑理论从哲学走向了语言学(Bourdieu Pierre,1991)。

布尔迪的文化生产逻辑理论,特别是其重要的“惯习”思想,实质昭示了,通过语言传播或语言交际呈现的文化生产或再生产实践,其成立牵涉到多个层次、多个维度的合理化线索,其成功取决于文化生产者置身于现实的语言交流之中受到的多重影响,而这些影响部分是有意识的,而部分是无意识的。也就是说,语言交流作为文化生产或再生产的实现方式,既是语言活动,又是语言外活动。萨克斯对于话语分析的哲学思考,尤其是提出“语言交际序列之前”(pre-sequence)的重要概念,似乎又是从话语现象反推话语成立“惯习”的理论呼应(Sacks Harvey,1995: 685—692)。从文化实践逻辑理论,到话语分析的哲学思考,这些关于文化实践的思考,构成了从深层到表层递进解剖的学术之路。从这一角度看,汉语对外传播既是语言传播,又是语言之外的汉语传播。如何在跨文化语境下实施中国文化的生产和再生产,又在既有理论下面临着建构新的理论和探索新的实践路径的难题。

跨文化交际研究先驱爱德华·霍尔有这样一句名言:文化即交流(communication)(Hall Edward,1959)。何以在霍尔看来,文化即交流?这里涉及这样几个关键问题:第一,文化需要表达和交流,而文化的表达和交流取决于文化符号化的可能性。文化无论以实体,还是以特性,或者以模式等不同的形式呈现,其表达需要一个外在于文化的符号系统。对符号系统的解读和传播,恰恰指向了对文化意义的解读和传播。符号化不过是为文化构建了一层可以读解和传播的形式体系,而文化内容的彰显,才是这种表达或传播的根本宗旨。第二,交流的最典型符号系统是语言,在文化的符号化手段中,语言成为文化表达和传播的首要选择。语言的生命在于交流,其社会性植根于人作为语言唯一实践者所具有的社会属性。人的社会性简单讲就是人具有先赋的群体性,并通过与他人的交往而使这种社会性获得实现。反过来看,人的社会性决定了语言的社会性,而语言的社会性又决定了其交流的禀赋,而交流又发生在人际间。同样,进入表达和交流,并主要通过语言手段传播的文化,也获得了这种因人而生的社会性。这样的逻辑规律,和文化的特性构成了印证。

但是,根据霍尔的研究,文化不仅进入了交流过程,同时当把文化和语言结合起来时,又可以发现语言交流依托文化而运行的基本规律。文化是一个庞大的频谱型连续体,其上面承载的具体交流活动,不过是对文化连续体的局部依赖,并在这种依赖之中,构成了不同文化背景下不同语言的特有状态。霍尔所揭示的语言和文化,以及语言交流的这种复杂关系,构成了其探讨跨文化交流中的文化特性,以及文化与语言交流共生关系的理论出发点。

霍尔之后的跨文化研究理论,揭示出跨文化交流涉及感知、语言、非语词语言三种基本方式(Samovar Larry A. & Porter Richard E.,2003)。这样的研究结果,是在霍尔的跨文化交际思想的影响下竭力寻找一些操作性路径,以确证跨文化交际的难点,及其解决办法。但事实上,霍尔之后,跨文化交流的理论研究未能出现过多的重要突破。

语言交流发生在社会场合,不同的社会场域又决定了语言交流活动的不同风格,而这些语言风格或言语体裁(speech genre),由于社会性维度的引入,揭示出语言交流的结构多重性和社会分布的多样性。巴赫金通过言语体裁、社会场域等关键概念的建构,将关于语言交流复杂性的解释引向前所未有的理论深度(Bakhtin M. M.,1986)。当然,巴赫金的研究并非针对跨文化交际,且比霍尔等人的研究更早,二者并无借鉴和关联。从对语言交流的内在特性的研究深度看,巴赫金无疑远远高于霍尔,二者间似乎出现了历史倒错的关系。但是,霍尔的研究主要是针对跨文化交际领域,和巴赫金采用的社会学视角有着根本的不同。我们同时提出霍尔和巴赫金的研究,主要基于这样的考虑:巴赫金对于语言交流的社会多重性提出了前所未有的创新性见解,其多重"言语体裁"和"社会场域"概念可以和霍尔的跨文化交际理论相结合,从而深化跨文化交际理论，特别是汉语国际传播理论。

四、现实的应用

目前国际学术界关于跨文化传播的研究，做了大量实证分析，但在理论建构上尚无太多值得大书特书的建树。布尔迪的文化实践逻辑思想，特别是其提出的“惯习”概念，对于我们探索跨文化语境下文化生产和再生产的成立理由及其成功途径，提供了理论启发。

值得注意的是，跨文化生产和再生产，面对的是两种文化模式并置、合成、整合的语境，不同于布尔迪赖以立论的单一文化模式；可能很难通过布尔迪意义上的“惯习”概念将跨文化生产或再生产行动连贯起来，并充分解释其行动的逻辑。但是，“惯习”概念的学术启发在于：需要进一步探索多种文化并置、互通、整合的条件下，跨文化交际的生成原则，也就是说，需要探索跨文化交际的“惯习”成立的可行性。其学术任务在于：第一，如何依据对两种异质文化的基本把握，而形成可以实现的跨文化交际的心理驱动；第二，如何将所传播文化的内在原则和对象国文化结合起来，构建起一个跨文化交际者所应怀有的“惯习”原则。跨文化交际“惯习”不是把两种文化生产的“惯习”进行简单组合的结果，而是一种不同于单一文化模式下的文化生产和再生产“惯习”的全新的概念建构。这一重要概念的构建，是解释在异质文化背景下作为文化生产和再生产典型方式的跨文化交际成立合理性的理论需要。

“惯习”是一个包容性的层次化概念，和文化生产或再生产的行动过程发生紧密的联系，对于解释一种交际行动，一种具体的跨文化实践，具有文化模式、文化特性、个体人格、心理倾向等单向的解释工具所不能具有的解释优势。跨文化交际“惯习”概念的建构，及其相关理论的探索，是对当前国内外有关汉语学习动机的清单式研究，或要素排列式的描述式探究的超越，是一种思维方式的变革。这种变革具有很高的实用意义和社会价值：

首先，跨文化交际“惯习”是跨文化交际能力的核心环节。当传播方的文化原则和对象方的文化原则可能发生冲突，从而导致跨文化交际失败，使汉语国际传播失灵的时候，跨文化交际“惯习”要求传播者能够依据两种文化的基础模式，提出一个新的文化平面。掌握了跨文化交际“惯习”，意味着掌握了跨文化交际的核心能力，但这种“惯习”离不开跨文化交际实践者的创造性建构和批判性反思。

其次，跨文化交际行动者的培养，是一个即将呈现的行动目标，是一种政策视角的转换。同时，从汉语对外传播的历史看，这样的意识早有萌芽。元代之后出现的《老乞大》,被奉为国际汉语教育史的历史转折点。这样的转折可能不仅仅表现在从书面语教育转向口语教学,而且更多表现为对于文化传播范式变化的深刻认知,以及为此形成的教育手段的变化。

《老乞大》出现之前,自唐代以来,对于来华留学生实施的汉语教育,实质以"四书五经"为教育媒介,根本上诉求的是直接的文化训诫,而非一种交际能力的培养。向来华留学生直接植入"四书五经"所浓缩的中国传统文化的精髓,是以中华文化培养异域人才的教育模式,而这无需通过漫长的日常语言教学来实现。"四书五经"教学模式,实质反映了以中华文化为主体面向异域来华留学人才进行文化整合的深层次教育驱动。在这一教育过程中出现的汉语教师,实质不是语言教师,而是文化训诫师。

跨文化交际,尤其是以汉语国际传播为导向的跨文化交际,其语言交流无法长期停留在和各种社会场域隔离的大学课堂,其汉语学习者也将陆续离开学校,投身到各种社会场域。这种现实,揭示了跨文化交流理论的内容需要进一步丰富,其理论解释力需要涵括更宽广的范围。对于大多数汉语学习者而言,从孔子学院课堂走向异域社会多重场域,乃其现实的生涯路线。那么,在孔子学院所体验到的中国文化特性,是否因为学习者走入多种社会场域,而在其原有的言语体裁上附加上中国文化的色彩,是一个实证问题,但同时又是一个理论问题。其理论价值在于:霍尔的跨文化交际理论基本的出发点是针对两种不同文化背景的交际者相遇时所发生的交流过程。在这种情况下,所要处理的理论问题是:如何使两种不同文化背景的交际者寻找到一种可以相互兼容、谦让、接纳的交际模式。目前的情况在于:异域汉语学习者在感知和接纳中国文化特性,甚至吸收了中国文化模式的核心元素之后,回到其母语世界,处于多种社会场域的交际过程之中,那么,这些中国文化携带者在和其他社会成员日常交往时,产生了一种什么样的"言语体裁"?其他社会成员,如何接受经过中国文化熏染过的对话者,以及具有中国文化色彩,或以中国文化经验为基础的交流话题、交流立场、交流风格?

反过来,正是通过上述多种社会场域的交流,可以确认出中国文化影响之后的会话者在和相关社会场域的其他社会成员交流时,如何有意识或无意识地在交流话题、交流立场、交流风格上投射了中国文化的风格特征。同时,投射的结果在何种程度上获得了相关社会场域成员的接受。这实质上是测量中国文化对外影响深度的方式。

参考文献

费孝通(1993)《乡土中国与乡土重建》,台北:风云时代出版公司。

庞　朴(1986)文化结构与近代中国,《中国社会科学》第5期。

Bakhtin M. M.(1986)*Speech Genres and other Late Essays*. Austin: University of Texas Press.

Boas Franz (1922) *The Mind of Primitive Man*. New York: The Macmillan Company.

Bourdieu Pierre (1990) *The Logic of Practice*. Stanford: Stanford University Press.

Bourdieu Pierre (1991) *Language and Symbolic Power*. Cambridge: Harvard University Press.

Foucault Michel (1989) *Order of Things*. London/ New York: Routledge.

Geertz Clifford (1973) *The Interpretation of Cultures*. New York: Basic Books, Inc., Publishers.

Goodenough Ward (1970) *Description and Comparison in Cultural Anthropology*. Chicago: Aldine.

Hall Edward T. (1959) *The Silent Language*. Doubleday & Company Inc.

Hall Edward T. (1990) *The Hidden Dimension*. New York: Anchor Books Edition.

Hall Stuart (1980) Cultural Studies: Two Paradigms. Media, *Culture and Society*, (2): 57 – 72.

Husserl Edmund (2001) *Logical Investigations*. Volume I. London: Routledge.

Kroeber A. L. & Cluckhohn Clayde (1952) *Culture: A Critical Review of Concepts and Definitions*. Cambridge: The Museum.

Levi-Strauss Claude (1963) *Structural Anthropology*. New York: Basic Books, Inc., Publishers.

Malinowski Bronislaw (1960) *A Scientific Theory of Culture and other Essays* (A Galaxy Book). New York: Oxford University Press.

Sacks Harvey (1995) *Lectures on Conversation*. Oxford: Blackwell Publishing.

Samovar Larry A.& Porter Richard E. (2003) *Intercultural Communication: A Reader*. Belmont: Thomson/Wadsworth.

Sapir Edward (1921) *Language: An Introduction to the Study of Speech*. New York: Harcourt, Brace and Company.

Saussure Ferdinand de (1959) *Course in General Linguistics*. New York: The Philosophical Library Inc.

Simmel Georg (1971) *On Individuality and Social Forms*. Chicago: The University of Chicago.

Tylor Edward B. (1891) *Primitive Culture*. London: John Murray.

Weinreich Uriel (1968) *Language in Contact*. The Hague: Mouton Publishers.

Whorf Benjamin Lee (1956) *Language, Thought and Reality*. Cambridge: MIT Press.

(卢德平,北京语言大学对外汉语研究中心,13501217856@163.com)

汉语作为第二语言作文句法错误自动诊断技术评测综述

饶高琦

提　要　中文句法错误自动诊断技术评测(Chinese Grammatical Error Diagnosis，CGED)是目前国际上对汉语作为第二语言写作自动批改领域的权威技术评测。该评测任务旨在促进自动识别句法错误位置和类型的语言信息处理系统发展。本文将综述目前汉语作为第二语言句法错误评测技术研究的现状，并回顾和总结历届 CGED 评测结果，展望该领域科研发展趋势。

关键词　CGED；句法偏误；自动批改；对外汉语；写作

一、引言

近年来面向英语学习者的作文自动批改技术发展迅速，成为了语言信息处理领域应用研究的新热点，也产生了如 Helping Our Own(HOO)这样的文本纠错技术评测(Dale & Kilgarrif，2011；Dale et al.，2012)。CoNLL2013 和 CoNLL2014 则聚焦句法错误的诊断和修正，也在语言信息处理领域引起了教育应用研究的热潮(Ng et al.，2013、2014)。

目前为英语作为第二语言学习者开发的语言信息处理技术相对较多，面向汉语作为第二语言学习者的工作则十分有限。当前的应用研究主要基于统计机器学习技术(Chang et al.，2012；Wu et al.，2013；Yu & Chen，2012)，基于规则分析的方法(Lee et al.，2013)或将两者结合的方法(Lee et al.，2014)。由于目前学术界缺乏面向汉语的句法错误诊断评测，2014 年国际教育电算化会议(International Conference on Computers in Education，ICCE)上面向教育应用的自然语言处理(Natural Language Processing Techniques for Educational Applications，NLP-TEA)工作坊开始组织面向汉语作为第二语言学习者的中文句法错误自动诊断评测(Yu et al.，2014)。其后该评测在 2015 年到 2017 年分别与计算语言学国际学术年会(Annual Conference of Computational Linguistics，ACL-IJCNLP-2015)、国际计算语言学学术会议(Conference on Computational Linguistics，COLING-2016)和自然语言处理国际联合会议(IJC-

NLP-2017)共同举办(Lee et al., 2015; Lee, Chang et al., 2016; Rao et al., 2017)。2018年,该技术评测将再次与计算语言学国际学术年会(ACL-2018)在澳大利亚墨尔本共同举办。

该技术评测的目标旨在为学术界提供一个公开可比较的测试平台,以帮助验证不同的计算手段和语言学特征在句法错误自动诊断方面的作用,并促进不同技术路线的经验交流。

二、任务描述

CGED技术评测的目标是对汉语作为第二语言学习者的作文实现句法错误自动发现和判别。为平衡数据稀疏问题,在任务中我们模仿CoNLL评测的通行做法,将多样性的错误归并为四类:字符串冗余(redundant string,标记为R)、字符串缺失(missing string,标记为M)、字符串错误(selection error,标记为S)和语序错误(word ordering error,标记为W)。系统输入句子包含有一个或多个错误。评测要求参赛系统识别错误类型,并标记出其在句子中的位置和范围。2016年以前,系统输入为单句,之后增长为段落单元(unit,由1到5个句子组成)。每个输入小段有唯一独立序列号,标记为"sid"。为评测系统判断假阳性(即文本不包含错误的情况)的性能,测试集中还包含有部分无错误小段。对于这种情况,系统应返回"sid, correct"。对于包含有错误的段落单元,输出格式为"sid, 错误起始偏移量, 错误终了偏移量, 错误类型"。偏移量为当前位置从段落单元首开始计算的字数(包含标点符号)。错误类型为冗余、缺失、错误和语序中的一种。表1和图1为SGML格式的训练数据示例。2014年和2015年评测任务中仅组织了使用TOCFL(Test Of Chinese as a Foreign Language)数据的繁体字版竞赛(Lee et al., 2015)。2016年评测任务同时设立TOCFL和HSK(Hanyu Shuiping Kaoshi)繁体和简体两个竞赛单元(Cui et al, 2011; Zhang et al, 2013; Lee, Rao et al., 2016)。2017年和2018年仅有简体中文HSK版数据的竞赛单元。

表1 任务输入语句举例

TOCFL (Traditional Chinese)	HSK (Standard Chinese)
• Example 1 Input: (sid - A2 - 0007 - 2)聽說妳打算開一個慶祝會。可惜我不能參加。因為那個時候我有別的事。當然我也要參加給你慶祝慶祝。 Output: A2 - 0007 - 2, 38, 39, R (Notes: "參加"is a redundant word)	• Example 1 Input: (sid = 00038800481)我根本不能了解这妇女辞职回家的现象。在这个时代,为什么放弃自己的工作,就回家当家庭主妇? Output: 00038800481, 6, 7, S 00038800481, 8, 8, R

• Example 2

Input：(sid = A2 - 0011 - 1)我聽到你找到工作。恭喜恭喜！

Output：A2 - 0011 - 1，2，3，S

A2 - 0011 - 1，9，9，M

(Notes：“聽到”should be “聽説”. Besides，a word “了” is missing. The correct sentence should be “我聽説你找到工作了”.

• Example 3

Input：(sid = A2 - 0011 - 3)我覺得對你很抱歉。我也很想去，可是没有辦法。

Output：A2 - 0011 - 3，correct

(Notes：“了解”should be “理解”. In addition，“这” is a redundant word.)

• Example 2

Input：(sid = 00038800464)我真不明白。她们可能是追求一些前代的浪漫。

Output：00038800464，correct

• Example 3

Input：(sid = 00038801261)人战胜了饥饿，才努力为了下一代作更好的、更健康的东西。

Output：00038801261，9，9，M

00038801261，16，16，S

(Notes：“能” is missing. The word “作”should be “做”. The correct sentence is “才能努力为了下一代做更好的”)

<DOC>

<TEXT id = "A2 - 0005 - 1">

我聽說你打算開一個慶祝會。對不起，我要參加，可是没有空。你開一個慶祝會的時候我不能會參加，是因為我在外國做工作。

</TEXT>

<CORRECTION>

我聽說你打算開一個慶祝會。對不起，我要參加，可是没有空。你開慶祝會的時候我不能參加，是因為我在外國工作。

</CORRECTION>

<ERROR start_off = ”31”end_off = ”32” type = "R"></ERROR>

<ERROR start_off = ”42”end_off = ”42” type = "R"></ERROR>

<ERROR start_off = ”53”end_off = ”53” type = "R"></ERROR>

</DOC>

<DOC>

<TEXT id = "200210543634250003_2_1x3">

对于“安乐死”的看法，向来都是一个极具争议性的题目，因为毕竟每个人对于死亡的观念都不一样，怎样的情况下去判断，也自然产生出很多主观和客观的理论。每个人都有着生存的权利，也代表着每个人都能去决定如何结束自己的生命的权利。在我的个人观点中，如果一个长期受着病魔折磨的人，会是十分痛苦的事，不仅是病人本身，以致病者的家人和朋友，都是一件难受的事。

</TEXT>

<CORRECTION>

对于“安乐死”的看法，向来都是一个极具争议性的题目，因为毕竟每个人对于死亡的观念都不一样，无论在怎样的情况下去判断，都自然产生出很多主观和客观的理论。每个人都有着生存的权利，也代表着每个人都能去决定如何结束自己的生命。在我的个人观点中，如果一个长期受着病魔折磨的人活着，会是十分痛苦的事，不仅是病人本身，对于病者的家人和朋友，都是一件难受的事。

```
</CORRECTION>
<ERROR start_off="46" end_off="46" type="M"></ERROR>
<ERROR start_off="56" end_off="56" type="S"></ERROR>
<ERROR start_off="106" end_off="108" type="R"></ERROR>
<ERROR start_off="133" end_off="133" type="M"></ERROR>
<ERROR start_off="151" end_off="152" type="S"></ERROR>
</DOC>
```

图 1 SGML 格式下训练集例句（TOCFEL 竞赛大单元繁体字版和 HSK 简化字版）

三、数据描述

CGED 评测活动为所有参赛团队提供三个数据集：训练集、开发集和测试集。其中训练集和开发集均包含答案，测试集仅公布待处理语句，评测活动结束后公开测试集答案。训练集供参赛团队对模型进行调试训练之用；开发集格式和测试集相同并带有答案，供参赛团队设计系统输入、输出接口之用；测试集为评测组织方对系统进行时使用的数据。

表 2 训练集错误分布

评测	单元	段落	错误点	冗余	缺失	错误	语序
CGED2016	TOCFL	10 693	24 492 (100%)	4 472 (18.26%)	8 739 (35.68%)	9 897 (40.41%)	1 384 (5.65%)
	HSK	10 071	24 797 (100%)	5 538 (22.33%)	6 623 (26.71%)	10 949 (44.15%)	1 687 (6.80%)
CGED2017	HSK	10 449	26 448 (100%)	5 852 (22.13%)	7 010 (26.50%)	11 591 (43.83%)	1 995 (7.54%)

训练集中所有小段均包含有至少一处错误，并由受训的汉语母语标注人员标出位置、类型和答案，使用 SGML 格式存储。CGED2016 和 CGED2017 评测的错误类型与数量分布如表 2 所示。测试集仅提供待判断的语句，并包含有（对参赛系统而言）数量不明的正确段落单元。对于包含错误的段落单元，其类型分布与训练集相仿。正确段落单元的数量比例由对 HSK 作文考试数据中正确句子与错误句子的比例确定。CGED2016 与 CGED2017 的测试集错误类型分布如表 3 所示。

表 3 测试集错误分析和统计

评测	单元	段落	正确数	错误段数	错误点	冗余	缺失	错误	语序
CGED2016	TOCFL	3 528	1 703 (48.27%)	1 825 (51.73%)	4 103 (100%)	782 (19.06%)	1 482 (36.12%)	1 613 (39.31%)	226 (5.51%)
	HSK	3 011	1 539 (51.11%)	1 472 (48.89%)	3 695 (100%)	802 (21.71%)	991 (26.82%)	1 620 (43.84%)	282 (7.63%)
CGED2017	HSK	3 154	1 526 (48.38%)	1 628 (51.62%)	4 876 (100%)	1 062 (21.78%)	1 274 (26.13%)	2 155 (44.20%)	385 (7.90%)

四、评测指标

CGED 评测使用准确率(accuracy)、精确率(precision)、召回率(recall)和 F1 值来评价系统性能。准确率是系统输出和答案之间正确结果在全集中的比例，是系统性能的综合评价；精确率表征系统输出的结果中正确结果数量占系统输出结果的比例，即侧重找准的能力；召回率表征系统输出的结果中正确结果数量占答案结果的比例，即侧重找全的能力；F1 值为精确率和召回率的调和平均数，与准确率相似，也是对系统性能的综合评价。为避免系统盲目追求评测指标而丧失对语言多样性的容忍能力，评测还设计了假阳性(false positive)指标，即系统错判为错误的数量占系统输出结果的比例。

表 4 为四种指标的计算方法和评测矩阵。其中 TP(真阳性)为被正确判定的错误点数量；FP(假阳性)为原文正确，但被判定为错误的错误点数量；TN(真阴性)为不包含错误，同时也被判定为正确的段落单元数；FN(假阴性)为包含有错误，但被判定为正确的段落单元数。

评测指标计算方式如下所示：

False Positive Rate = FP / (FP + TN)

Accuracy = (TP + TN) / (TP + FP + TN + FN)

Precision = TP / (TP + FP)

Recall = TP / (TP + FN)

F1 = 2 * Precision * Recall / (Precision + Recall)

表 4 评测矩阵

评测矩阵		系统结果	
		阳性（判别为错误）	阴性(判别为正确）
答案	阳性	TP（True Positive，真阳性）	FN（False Negative，假阴性）
	阴性	FP（False Positive，假阳性）	TN（True Negative，真阴性）

CGED 评测从四个方面对系统性能进行评测：

1. 侦测层(detective-level)：对段落单元是否包含错误做二分判断。

2. 识别层(identification-level)：本层子任务为多分类问题，即给出错误点的错误类型。

3. 定位层(position-level)：在识别错误点类型的基础上对错误点的位置和错误点的覆盖范围进行判断。

4. 修正层(correction-level)：在与 ACL2018 共同举行的 CGED2018 评测(目前进行中)中，参赛系统首次被要求提交针对错误字符串(S)和字符串缺失(M)两种错误类型的修正答案(即对错误字符串的替换字符串和针对字符串缺失错误的补全字符串)。根据对错误点的置信度，系统可以决定提交 0 到 3 个可能答案。提交更多答案有助于提高召回率，但将降低精确率。

显然，四个评测层面具有累进的关系，即后一层的判定结果依赖于前一层的表现。因而定位层的 F1 值对整个系统的性能有较好的描述能力。

五、评测结果与分析

表 5 和表 6 是 CGED2016 和 CGED2017 两届评测的参数统计和定位层 F1 值。从判断是否有错误到错误类型，进而判断错误位置，最高成绩来自哈尔滨工业大学自然语言处理与信息检索实验室，F1 值为 0.3855(Zheng et al.，2016)。总的来说，虽然自 2014 年第一届评测开始以来，在各评测层面上最优系统均有进步，但尚无一个系统达到可以投入教学实用的程度。这从一个侧面反映了对第二语言学习者句法错误的有效自动诊断，任务难度极大。

纵观两届评测活动的技术报告，研究方法转移的趋势十分明显：从传统的统计建模向深度神经网络方法的过渡在短时间内已经实现。CGED2016 中，三分之一的系统是基于 N 元语法(Ngram)和精修条件随机场(Conditional Random Field，CRF)开发，并配合有大量规则模板进行前处理和后处理。而在一年后，全部参赛系统均使用长短时记忆神经网络(Long and Short-Term Memory，LSTM)和条件随机场串行的方法进行端到端的错误诊断。LSTM + CRF 已成为当前句法错误诊断任务的标准解决方案。

表 5　CGED2016 评测参赛队伍与成绩

参赛单位	TOCFEL 竞赛单元系统数	F1	HSK 竞赛单元系统数	F1
郑州大学计算语言学实验室	0	-	2	0.2666
华中师范大学	0	-	1	0.0121
朝阳科技大学	3	0.1248	3	0.2125
哈尔滨工业大学	0	-	3	0.3855
北京大学计算语言学研究所	3		3	0.0724
台湾交通大学 + 台北科技大学	3	0.0745	0	-
台湾嘉义大学	3	0.0155	3	0.0183
郑州大学语言信息处理实验室	0	-	3	0.3627
云南大学信息科学学院	3	0.0007	3	0.0035

表 6　CGED2017 评测参赛队伍与成绩

参赛单位	系统数	F1
阿里巴巴自然语言处理实验室	3	0.2693
北京师范大学	3	0.1152
广州视源	2	0.0653
台湾海洋大学	2	0.0348
云南大学信息科学学院	3	0.1255

正如机器翻译、句法分析等其他语言信息处理任务，深度神经网络模型对训练数据的规模和质量较之传统统计机器学习模型有更高的要求。然而二语作文这一任务的公开标注数据，不论在质量还是规模上都与大语种平行语料和依存树库无法相比。目前已开放的简化字标注数据尚不足六万个错误点，并且增长缓慢。在质量上，以 HSK 竞赛单元为例，组织者将考试中的中介语作文直接数字化而来。由于考试要求严于打分而宽于错误标注，因而在一致性上与分词、情感识别等无法相比。且语言习得过程中的句法错误的形成原因复杂，字符串层面的表观错误并不一定都能反映真实的偏误情况，尤其在语序与其他错误相叠加的情况中。

另一方面，面向对外汉语的语言信息处理技术研发刚刚起步，在学术界影响尚小。并且该任务在语言信息处理乃至人工智能领域中属于变现路径较长，缺乏足够的商业利益刺激的类型(虽然在语言学界是屈指可数的应用出口),因而难以在学术界和工业界汇集研究力量,反过来也影响语言资源的建设速度。同样刚刚起步的新任务如阅读理解评测 SQuAD(Rajpurkar et al., 2016)则有完全不同的境遇。

综上所述,资源方面的问题是导致深度神经网络在本任务上未能取得如其他任务中显著进步的部分原因。同样也由于资源的现状,本任务可以被视作一项低资源语言信息处理任务。

六、结论

本文综述了近两届中文句法错误监测技术评测和开展情况,梳理和回顾任务设计、数据准备、评测指标和评测结果等方面的工作。虽然该任务参赛系统尚无法投入一线教学实践,但已取得了无法轻视的进步,对面向汉语,尤其是汉语作为第二语言的计算机辅助语言教学、智能辅助语言学习的发展产生了重要的推动。

为了团结学术界和工业界的科研力量,同时面对前文所述的资源瓶颈问题,CGED评测组织方已将自 2014 年第一届 CGED 评测任务以来的所有训练集、测试集、测试集答案和评测程序开放免费使用(下载地址参见:www.cged.science)。

参考文献

Bao-lin Zhang, Xiliang Cui (2013) Design Concepts of "the Construction and Research of the Inter-language Corpus of Chinese from Global Learners". *Language Teaching and Linguistic Study*, 5, 27 - 34.

Bo Zheng, Wanxiang Che, Jiang Guo, Ting Liu (2016) *Chinese Grammatical Error Diagnosis with Long Short-Term Memory Networks*. Proc of 3rd Workshop on Natural Language Processing Techniques for Educational Applications (NLPTEA2016), 49 - 56, Osaka, Japan, December 12, 2016.

Chi-Hsin Yu and Hsin-Hsi Chen (2012) *Detecting Word Ordering Errors in Chinese Sentences for Learning Chinese as a Foreign Language*. In Proceedings of the 24th International Conference on Computational Linguistics (COLING'12), 3003 - 3017, Bombay, India.

Chung-Hsien Wu, Chao-Hong Liu, Matthew Harris, and Liang-Chih Yu (2010) Sentence Correction Incorporating Relative Position and Parse Template Language Models. *IEEE Transactions on Audio, Speech, and Language Processing*, 18(6), 1170 - 1181.

Gaoqi Rao, Baolin Zhang, Endong Xun (2017) IJCNLP - 2017 Task 1: *Chinese Grammatical Error Diagnosis*. Proceedings of the 8th International Joint Conference on Natural Language Processing, Shared Tasks, pages 1 - 8, Taipei, China.

Hwee Tou Ng, Siew Mei Wu, Ted Briscoe, Christian Hadiwinoto, Raymond Hendy Susanto, and Christopher Bryant (2014) *The CoNLL - 2014 Shared Task on Grammatical Error Correction*.

In Proceedings of the 18th Conference on Computational Natural Language Learning (CoNLL' 14): Shared Task, 1-12, Baltimore, Maryland, USA.

Hwee Tou Ng, Siew Mei Wu, Yuanbin Wu, Christian Hadiwinoto, and Joel Tetreault (2013) *The CoNLL - 2013 Shared Task on Grammatical Error Correction*. In Proceedings of the 17th Conference on Computational Natural Language Learning(CoNLL'13): Shared Task, 1-14, Sofia, Bulgaria.

Liang-Chih Yu, Lung-Hao Lee, and Li-Ping Chang (2014) *Overview of Grammatical Error Diagnosis for Learning Chinese as Foreign Language*. In Proceedings of the 1stWorkshop on Natural Language Processing Techniques for Educational Applications (NLP-TEA'14), 42-47, Nara, Japan.

Lung-Hao Lee, Liang-Chih Yu, and Li-Ping Chang (2015) *Overview of the NLP-TEA 2015 Shared Task for Chinese Grammatical Error Diagnosis*. In Proceedings of the 2nd Workshop on Natural Language Processing Techniques for Educational Applications (NLP-TEA'15), 1-6, Beijing, China.

Lung-Hao Lee, Liang-Chih Yu, Kuei-Ching Lee, Yuen-Hsien Tseng, Li-Ping Chang, and Hsin-Hsi Chen (2014) *A Sentence Judgment System for Grammatical Error Detection*. In Proceedings of the 25th International Conference on Computational Linguistics (COLING'14): Demos, 67-70, Dublin, Ireland.

Lung-Hao Lee, Li-Ping Chang, and Yuen-Hsien Tseng (2016) *Developing Learner Corpus Annotation for Chinese Grammatical Errors*. In Proceedings of the 20th International Conference on Asian Language Processing (IALP'16), Tainan, China.

Lung-Hao Lee, Li-Ping Chang, Kuei-Ching Lee, Yuen-Hsien Tseng, and Hsin-Hsi Chen (2013) *Linguistic Rules Based Chinese Error Detection for Second Language Learning*. In Proceedings of the 21st International Conference on Computers in Education(ICCE'13), 27-29, Denpasar Bali, Indonesia.

Lung-Hao Lee, Rao Gaoqi, Liang-Chih Yu, Xun, Eendong, Zhang Baolin, and Chang Li-Ping (2016) *Overview of the NLP-TEA 2016 Shared Task for Chinese Grammatical Error Diagnosis*. The Workshop on Natural Language Processing Techniques for Educational Applications (NLP-TEA' 16), 1-6, Osaka, Japan.

Rajpurkar P, Zhang J, Lopyrev K, et al. (2016) *SQuAD: 100,000+ Questions for Machine Comprehension of Text*[C]// Conference on Empirical Methods in Natural Language Processing, 2383-2392.

Robert Dale and Adam Kilgarriff (2011) Helping our own: *The HOO 2011 Pilot Shared Task*. In Proceedings of the 13th European Workshop on Natural Language Generation(ENLG'11), 1-8, Nancy, France.

Robert Dale, Ilya Anisimoff, and George Narroway (2012) *The HOO 2012: A Report on the Preposition and Determiner Error Correction Shared Task*. In Proceedings of the 7th Workshop on the Innovative Use of NLP for Building Educational Applications(BEA'12), 54-62, Montreal, Canada.

Ru-Yng Chang, Chung-Hsien Wu, and Philips Kokoh Prasetyo (2012) *Error Diagnosis of Chinese Sentences Usign Inductive Learning Algorithm and Decomposition-based Testing Mechanism*. ACM Transactions on Asian Language Information Processing, 11(1), article 3.

Xiliang Cui, Bao-lin Zhang (*2011*) The Principles for Building the "International Corpus of Learner Chinese". *Applied Linguistics*, *2*, *100 - 108*.

（饶高琦，北京语言大学对外汉语研究中心，raogaoqi@blcu.edu.cn）

“一带一路”视域下的汉语国际传播*

王建勤

提　要　本文从语言社会学的角度着重探讨了不同社会文化进程对语言传播的影响，以及“一带一路”视域下汉语国际传播的机遇与挑战和传播方略。有学者认为，国家的“硬实力”，即政治、经济和军事实力是汉语国际传播的决定因素。但纵观国内外的语言传播史，我们发现，不能脱离特定的社会文化进程来探讨语言传播的决定因素。不同历史时期，拉动语言传播的因素不同。在现代主义框架下，新世纪的全球化是影响语言传播最重要的社会文化进程。对汉语国际传播而言，“一带一路”形成了全球化背景下新的社会文化进程。这一社会文化进程将对汉语国际传播产生深远的影响。因此，汉语国际传播的机遇与挑战并存，我们必须抓住“一带一路”这一前所未有的机遇，顺势而为，让汉语真正走向世界。

关键词　“一带一路”；社会文化进程；汉语国际传播

一、序言

在人类社会发展的进程中，学者们始终关注社会文化因素对语言传播的影响，并试图找到一个统一的理论框架以解释这些社会文化因素是如何对语言传播产生影响的。在这些探讨中，政治、经济、军事和文化因素与语言传播的关系成为语言传播研究的重要议题。有学者认为，国家的硬实力，包括政治、经济和军事实力是语言传播的决定因素（吴应辉，2011）。也有学者认为，语言的强弱与国家的强弱盛衰密切相关（李宇明，2004）。而在这些硬实力当中，有学者认为，经济因素是影响语言传播的重要因素，进而，也是提升语言通用性的重要因素（Edwards，1985；Crystal，2003）。但也有学者认为，经济实力和政治、军事实力一样，只是为语言接触提供了前提条件。这些硬实力并不一定拉动语言的传播（陈保亚，2016）。

这些理论探讨对全球化背景下的汉语国际传播，特别是，对“一带一路”视域下的汉语国际传播具有重要的现实意义。因为经济全球化的确给汉语国际传播带来了机遇，

* 本研究得到教育部人文社会科学基地重大项目“面向汉语国际教育的基础研究成果的转化与应用”（项目编号：16JJD740003）和“汉语作为第二语言教学学科年度发展报告”（项目编号：14JJD740007）的资助。

以经济合作和发展为主导的“一带一路”战略同样为汉语国际传播带来新的机遇。但是,这是否意味着,经济全球化和“一带一路”经济合作与发展战略必然会带来汉语在全球的广为传播？具体而言,国家经济的崛起,国家综合实力的提升是否能够拉动汉语在“一带一路”以及世界范围内的广泛传播？这是值得进一步探讨的重要理论问题。

目前有关这一问题的探讨,往往强调某个单一因素对汉语国际传播的影响,而忽视了其他因素的影响;由于相关研究缺少一致的理论框架,囿于一时一地的语言传播研究,忽视了不同历史时期社会文化进程对语言传播的决定性影响,其结论难免失之偏颇。有鉴于此,本文拟从语言社会学的角度探讨三个问题:(1)不同社会文化进程对语言传播的影响;(2)“一带一路”视域下汉语国际传播的机遇与挑战;(3)“一带一路”视域下的汉语国际传播方略。

二、不同社会文化进程中的语言传播

2.1 语言传播的社会文化进程框架

Garcia(2010)指出,语言传播研究不仅要关注人类语言行为变化的普遍性和变异性,以及这些行为发生的语境特殊性和机构场域,而且要区分构成语言行为变化的“社会文化过程”(sociocultural process)。Garcia 的观点可以从两方面理解:一是,语言传播的结果导致人类语言行为的变化。因此,语言传播研究要关注人的语言行为变化以及这种行为变化发生的特定语境和社会场域。二是,语言传播不能仅仅局限于人类语言行为变化的微观研究,而且要关注构成人类言语行为变化的社会文化过程的宏观研究。原因是,不同历史时期语言传播的动因不同,而不同历史时期语言传播的动因以及传播方式,只有从当时的社会文化进程中得到解释。因此,语言传播研究不能脱离特定历史时期的社会文化进程。我们试图依据不同历史时期社会文化进程的框架来寻求和阐释特定历史时期语言传播的规律及其局限。

2.2 殖民时期的社会文化进程与语言传播

语言传播似乎是一种自然现象,但事实上,语言传播往往受到外部因素的影响,自然的或强制的。无论以哪种方式,语言传播的结果必然导致个体或群体的语言行为变化。也就是说,由于某种原因,说 A 语言的人改说 B 语言了。这种发生在个体或群体中的语言行为的变化,即接受和采纳某种新语言或附加语,与特定的社会文化进程密切相关。

在殖民时期，西方国家的海外扩张和殖民过程，决定了其语言传播史必然是血腥的语言殖民史。英语、法语、西班牙语、俄语和阿拉伯语的传播，无一不是依靠当时的政治、经济和军事实力进行传播的。17 世纪的英国原本是一个拥有 24 万平方公里的岛国，但在殖民时期，通过坚船利炮向海外扩张，并使英语成为传遍世界的国际通用语。二战后，美国的崛起，使英语拥有世界霸主的地位。17—19 世纪，法国通过海外殖民使法语传播到世界 40 多个国家和地区，法语成为在当时最有影响力的语言。西班牙同样是通过海上扩张和殖民使西班牙语成为世界上 20 多个国家的官方语言或通用语。阿拉伯语也是通过军事征服从一个国家的语言转变为阿拉伯世界的通用语。

由此可见，这些国家通过殖民化这种社会文化进程，从根本上改变了殖民地国家个体和群体的语言行为，对殖民地国家的社会发展进程产生了深远的影响。然而，这一特定历史时期的语言传播模式是不可重复的。尽管西方国家这些语言的传播靠的是所谓"硬实力"，但是这种"实力决定论"并不能成为可以超越特定历史进程的颠扑不破的真理。

正如有学者指出的那样，语言的传播并不总是能够通过政治军事实力实现的。殖民行为容易让人把政治军事力量看成是提升通用语的直接原因(陈保亚，2016)。事实也并非完全如此。蒙古人统一中国建立元朝后，蒙古语并没有成为中国的通用语，汉语仍然是中国的通用语。蒙古人的铁蹄踏遍中亚、南亚、西亚和中欧，但据史料记载，虽然这些地区曾经一度说蒙古语，但是当时阿拉伯语的通用性却非常高。同样，二战后，殖民主义大势已去，许多殖民地国家纷纷独立，建立了自己的国家。但是有些国家仍然选择了殖民地时期的语言作为本国的官方语言或通用语言，如拉美说西班牙语的国家。然而，这些殖民地国家的宗主国西班牙，17 世纪后其硬实力已经衰退。显然不能看作是殖民时期西方国家所谓"硬实力"的延续。

2.3　古丝绸之路的社会文化进程与语言传播

与西方国家殖民时期的社会文化进程不同，我国古丝绸之路的语言传播经历了不同的社会文化进程，这些社会文化进程使中国不可能选择殖民的方式传播自己的语言。自西汉张骞出塞打通通往西域的贸易通道至今已有两千多年的历史。这条漫长的丝绸之路经历了不同的社会文化进程，这些不同的社会文化进程决定了不同历史时期汉语传播方式的不同。

1."驿站式"汉语传播。

由于古丝绸之路的商人来自西域以及欧洲不同民族和国家，丝绸之路曾先后出现过一些商贸通用语。比如粟特人的粟特语，库曼人使用的突厥语(丹尼斯・西诺尔，

1997)。但由于政治或宗教上的需要,民族间的交往仍然需要自己的语言。当时中国的许多王朝都拥有常备的专门翻译人员。后汉时期,由于"军队农业移民队屯垦在有肥沃土地的地区,随之,沿主要道路设立了驿站。信使和翻译穿梭般不停地旅行,异族商人和货郎每天都要到边界地区来"(丹尼斯·西诺尔,1997)。因此,这一时期古丝绸之路的语言传播主要依靠庞大的翻译队伍往来于驿站之间进行传播。

这种间接的传播方式可称作"驿站式"汉语传播。形成这种传播方式的原因有二:首先,对奔波于丝绸之路上的商人而言,"学习一种语言并非易事,而许多商人既无天才又无时间去掌握所需的语言技能,因此他们不得不依赖于译员的翻译"(丹尼斯·西诺尔,1997)。其次,虽然当时有粟特语和突厥语作为商贸语言,但商人们仍然选择客户使用的语言,如汉语、阿拉伯语等。因为商人到中国来的目的是为了贸易交流,而不是学习汉语。也就是说,驿站上的汉语传播是以商贸为目的的间接性的传播,是贸易交流客观上带动了区域性的汉语传播,但这种传播的规模和范围是有限的。这是汉语未能在丝绸之路沿线国家传播开去以至落地生根的一个主要原因。

2."宗教伴随式"汉语传播。

东汉至魏晋南北朝时期,西域和印度的许多僧人从丝绸之路来到中国。这个时期汉语是通过佛教的传播进行传播的。主要通过两种方式:一是佛经的翻译。一些来自印度的僧侣把佛经翻译成汉语,而西域一些民族根据汉译本的佛经翻译成其他语言。据文献记载,"几乎所有尚存的粟特文佛教典籍均译自汉语,甚至到了这样的程度:连那些典籍中出现的来自印度的词,居然在外形上也能看出汉语的影响"(丹尼斯·西诺尔,1997)。二是来自西域和印度的僧人为了传播佛教,开始系统地学习汉语。据文献记载,早期来华僧侣最初只能跟来往于丝绸之路的商人随便学点汉语。随着来华僧人的不断增加,在敦煌、凉州等地出现了来自西域僧人的汉语培训班。这些设在寺庙中的培训班除了教授汉语之外,重点传授中国文化和宗教。由于这一时期的汉语传播对象主要是来自西域的僧侣,类似于今天面向来华留学生的对外汉语传播(张西平主编,2009:23)。

由于这一时期,来华僧人是汉语传播的主要对象,僧人学习汉语的目的是传播宗教而非汉语传播本身。由于汉语传播依附于宗教传播,宗教传播客观上促进了汉语本身的传播。因此,可以称作"宗教伴随式"汉语传播。

3."文化吸引式"汉语传播。

汉代以来,丝绸之路中西物质与文化交流日益繁盛,隋唐时期达到高潮。这一时期的汉语传播与来自西域的移民密切相关。当时有许多西域人和印度人到中国定居生子。由于这些移民的后代接受的是汉语教育,同时具有母语交际的优势,这些在汉语环境下长大的双语人才便成为西域来华僧侣学习汉语的理想教师。这些双语人才为当时的汉语传播做出了重要贡献。

此外，由于隋唐时期国力强盛，文化昌明，吸引了大批留学生来华学习中国的语言文化。汉字传入朝鲜、日本和越南，在东亚地区形成了“汉字文化圈”（董海樱，2011：21）。

到了隋唐时期，特别是唐朝国力的强盛以及文化的繁荣，吸引了东亚的邻近国家。这一时期的汉语传播可以称作“文化吸引式”。正如西方学者所描述的那样，对于“中国的信徒们”，如朝鲜、日本和越南，“中国就是先进文明的源泉”。因此，有学者称“中国近邻对于中国文化的热情崇拜和追随，可谓是汉语的一次间接性的传播”（尼古拉斯·奥斯特勒，2011：148—149）。而在这一时期，拉动汉语传播的动因除了文化的软实力，还应包括隋唐王朝经济繁荣的硬实力。

4.“贸易拉动式”汉语传播。

大航海时代，欧洲各海权国家不断向海外扩张，一批批东来的传教士们进入中国学习汉语，传播教义。然而，随着海上贸易的兴起，丝绸之路的重要性渐渐褪去。汉语则通过海上丝绸之路漂洋过海在一些异域永久地扎下了根。

有学者认为，汉语最早在南海显露锋芒是公元前3世纪。首先是一批商人来到东京（越南北部）。随后，即公元前111年汉朝吞并了东京和越南，统治达千年之久。虽然汉语在当地得到传播，但是并没有永久传播下去（尼古拉斯·奥斯特勒，2011：134）。公元5世纪至8世纪汉语继续向南进发，经苏门答腊通往印度，直到15世纪，通过海路移居东南亚的华人达1200余万，在当地说着各自的方言或官话。

由于宋朝和元朝对中国商人在海外拓展贸易给予积极的扶持和支持，汉语通过海上贸易通道漂洋过海，在异域落地生根。我们把这一时期称作“贸易拉动式”汉语传播。

古丝绸之路汉语传播的不同方式表明，汉语传播的拉动因素是多方面的，不同历史时期汉语传播的动因只能从特定的社会文化进程中得到解释，所谓“硬实力”并不是超越特定社会文化进程拉动语言传播的决定因素或唯一因素。西汉时期，丝绸之路上万国来朝，其经济实力不可谓不强。但是，“驿站式”语言传播，并没有使汉语得到广泛的传播。除了汉语，也没有其他语言能够成为长久的商贸通用语。

按照Cooper（1982、1984）的观点，所谓语言传播，是指“为实现特定交际功能而采纳特定语言的交际网络随着时间的增长而不断扩展”。这就是说，语言传播的标志是使用特定语言的交际网络不断地扩展。而某种语言之所以能够得到传播是因为这种语言具有特定的交际功能。

“驿站式”汉语传播之所以滞留在驿站而未能广为传播，是因为尽管汉语曾经是丝绸之路上贸易交流的重要交际工具，但是汉语并没有使商人广泛使用这种语言，也没有形成使用汉语的交际网络，而且即使在驿站商人们在一定范围使用汉语进行交际，但这种交际网络并没有随着时间的增长而不断扩展。

此外，东汉以至魏晋以来，汉语传播的范围也很有限，汉语只是作为维持某种特定交际功能而存在，比如宗教伴随式汉语传播维系了传播宗教的交际功能，隋唐以及宋元时期，汉语也仅仅是作为实现文化传播和贸易交流的特定交际功能而延续下来。

2.4 新世纪的社会文化进程与语言传播

1. 在现代主义框架下，全球化是影响语言传播最重要的社会文化进程。

20 世纪 70 年代至 80 年代，Fishman 等(1977)在现代主义的框架下区分了对语言传播来说三个重要的社会文化进程，即与现代化进程相关的因素，与族群间互动相关的因素以及与宗教文化相关的因素。其中，与现代化进程相关的因素包括：第一是经济的发展，特别是本土资源的外部利用；第二是教育发展；第三是政治联盟以及与在全球中的地位；第四是城市化；第五是人口流动。这些因素都可能成为拉动语言传播的重要因素。但是，Garcia(2009)指出，21 世纪，语言传播研究中，全球化是最为重要的社会文化进程。全球化的发展和冷战的结束，伴随着技术的进步，加速了人口的流动。语言传播现在比以往更为动态，涉及的不仅仅是语言的替代，即语言转用的结果，而且涉及附加语言的习得以及动态双语主义。

2. 全球化背景下拉动语言传播的重要因素。

那么在全球化的社会文化进程中，哪些因素是拉动语言传播的重要因素呢？

首先，全球化带来科技的进步，科学技术作为人类智慧和智力资源的结晶，成为支撑世界经济发展的重要基础。这些智力资源用何种语言编码，哪种语言就可能成为使用最广泛的世界通用语。以英语为例。据统计，全世界 80%的计算机信息是以英语作为存储媒介；70%的电子邮件是用英文书写的；80%的科技出版物是用英文发表的；60%的广播节目是用英语播放的；欧洲 50%的商业贸易是用英语进行交易的。而且世界上绝大部分国际会议都是以英语作为第一通用语召开的。

这些数据说明什么呢？Fishman(1992:312)指出，技术财富和科学信息用英语编码，使用英语与科技中心交流，使英语成为达成经济发展的目标。这就是说，在信息化时代，一种语言能够得到广泛的传播，取决于用这种语言编码的技术财富和科学信息的经济价值。英语之所以成为当今事实上的国际通用语，除了殖民时代的贡献，就是因为现代的科学技术信息大都是用英文编码的。尽管法语、德语也是区域性的通用语，但是，德国和法国的科技人员大都用英语发表科研论文。因为，英语在当今世界象征着技术财富和科学进步。最近，有一条广告语足以说明语言背后的资源拉动语言传播的巨大力量。“来巴黎吧，我们说英语还不行吗?”这条广告说的是法国为招商引资不得不放下架子说英语，尽管他们不喜欢英语。

其次，全球化加速了世界范围内的人口流动，人口流动增加了世界范围内各种语言的接触，语言接触便会产生不同群体间语言交际的需求。

Cooper(1982)描述了不同群体在语言接触过程中，语言传播发生的过程。最初是个体意识到某种语言具有某种特定的交际功能，比如英语作为科技领域通用语，通过英语阅读可以了解到世界最新的科研成果。由于这种对英语交际功能的认知，学习者个体便会形成对这种语言的“有用性”评价，即某种新语言对实现某种价值目标有帮助，学习者就会去学习这种语言，如果没有，就不会去学习这种语言。任何语言的传播都是始于语言习得。语言习得是语言传播的最终结果。

此外，全球化使语言传播比以往任何时候都更加广泛，与殖民时期的社会进程不同，全球化给语言传播带来的结果，并非是简单的语言替代，即语言转用或导致某种语言的消亡。有学者认为，全球语言的传播可以与其他官方语言、民族语言、区域性通用语以及本地方言共存，而不会威胁到这些语言。全球化时代的社会进程毕竟与殖民时期不同。

总之，语言传播研究不能脱离特定的社会文化进程泛泛而论，时代不同了，语言传播的方式、动机也发生了变化。因此，不同历史时期语言传播的动因，必须从特定历史时期的社会文化进程中去寻求答案。

三、“一带一路”视域下的汉语国际传播的机遇与挑战

“一带一路”的提出与实施，对汉语国际传播而言，形成了全球化背景下新的社会文化进程。这一社会文化进程将对汉语国际传播产生深远的影响。据统计，到目前为止，“一带一路”沿线涉及60多个国家，50多种国语和通用语，44亿人口，21万亿美元的经济总量和规模。这些数据对汉语国际传播意味着什么？答案是，机遇和挑战。

3.1　机遇

“一带一路”给汉语国际传播带来哪些机遇呢？

第一，“一带一路”沿线60多个国家，汉语国际传播与这60多个国家的语言接触是前所未有的。“一带一路”的“五通”，即政策沟通、设施联通、贸易畅通、资金融通、民心相通，每一“通”都会带来语言接触和语言交际的需求，与“一带一路”沿线国家构建利益共同体、命运共同体和责任共同体为拓展汉语交际网络、增强汉语交际网络的外部性

带来不可多得的机遇。

第二,"一带一路"覆盖沿线国家44亿总人口,占全球人口的63%。这如此庞大的交际网络使用的国语或通用语50多种,加上民族和部族使用的交际语言不下200种(李宇明,2015)。说明"一带一路"这一利益共同体构成的语言交际网络具有非常大的异质性。这种语言交际网络的异质性,为提升汉语的经济价值和交际价值提供了上升的空间,从而为汉语国际传播提供了新的社会场域。

第三,"一带一路"涵盖沿线国家21万亿美元的经济总量,占全球经济总量的29%。这一经济因素为汉语传播和语言铺路带来巨大的市场。据《"一带一路"沿线国家产业合作报告》提供的数据,2014年我国对"一带一路"沿线64个国家的出口总额为6370亿美元,贸易进口总额超过为4834亿美元。这些数据在某种程度上反映了汉语国际传播潜在的需求,主要表现在对双语人才资源的需求。根据我们的统计,截止到2014年,设立孔子学院数量排名前20的国家中,"一带一路"沿线国家只有7个。也就是说,孔子学院的设立大都集中在经济发达或较发达的国家,而在"一带一路"沿线国家建立的孔子学院数量则较少。这既是缺口,同时也是对汉语国际教育资源的需求。

3.2 挑战

汉语国际传播有机遇,同时也面临一系列的挑战。中国经济崛起,国家综合实力不断提升,但是,国家富强并没有使汉语成为强势语言。语言的强弱主要体现在语言的影响力。

第一,汉语的影响力。Weber(1997)提出了六个测量语言影响力的因素及其权重:一是母语人口,最大权重为4;二是二语人口,最大权重是6;三是语言使用的国家数量和人口,最大权重是7;四是语言使用的主要领域,五是经济实力,这两项的权重最高,都是8;六是语言的社会文化地位,最大权重是4。在这六个因素中,汉语占优势的因素权重最高的只有经济实力,和权重最低的母语人口数量。但是,经济实力的提高并不能说明汉语的影响力。有学者认为,如果没有强大的"语势"做基础,即使经济实力再强大,汉语的通用地位也不一定能够得到提升(陈保亚,2016)。母语人口的绝对数量也不能说明汉语的影响力,重要的是汉语作为二语的人口数量。而这一项,汉语远不如英语作为第二语言的人口数量。

第二,汉语的语言资源的积淀不足。按照陈保亚(2016)的观点,实际上国际化成功的语言都是积淀深厚的语言。英语之所以成为国际化语言,除了人口因素,就在于用英语编码的现代科学技术文本深厚的积淀。而汉语在现代科学技术领域的文本积淀远不如英语。

第三，汉语的交际价值有待提高。语言的交际价值，按照 Abram de Swaan（2001）的观点，包括两个维度：一是语言的通用度（prevalence），即说某种语言的人数与在该系统中说其他所有语言的人数（Ns）的比例的高低；二是语言的集中度（centrality），即说一种语言以上的人中，说某种语言的人数与在这种语言系统中会说一种语言的所有人数之比例的高低。相对于英语而言，虽然使用汉语的绝对人数很多，但是在其他国家和地区使用汉语的人数则比较少。因此，汉语的通用度比较低。此外，在语言的集中度上，汉语也处于弱势地位。比如在很多国际化的中国公司中，通用语往往是英语，而不是汉语；甚至研究中国文化方面的国际会议，只要有外国人参加，通用语往往是英语。这是造成汉语交际价值低的一个重要原因。

第四，汉语国际教育资源匮乏。汉语国际教育是汉语国际传播的重要途径和手段，但是由于汉语国际教育资源的匮乏，目前不能满足“一带一路”沿线国家对汉语教学的需求。孔子学院的设立与“一带一路”的产业布局不相匹配。这是目前“一带一路”汉语国际传播面临的主要挑战之一。

四、“一带一路”视域下的汉语国际传播方略

汉语国际教育是“一带一路”汉语传播的重要手段。因此，国家需要整合语言教育资源，调整战略布局，服务“一带一路”的汉语传播。

汉语国际传播应借力“一带一路”，通过“一带一路”经贸合作拉动汉语传播，与此同时，汉语国际教育应助力“一带一路”，通过汉语国际教育为“一带一路”的经贸合作和产业发展提供更多的双语人才与语言服务。

汉语国际教育要与“一带一路”产业布局与发展相结合，抓住“一带一路”经贸合作和产业发展的机遇，搭上经济合作与发展的顺风车。汉语国际教育与“一带一路”的产业发展结合，为产业发展和经贸合作铺路，加快汉语走向世界的步伐。

参考文献

陈保亚（2016）语势：汉语国际化的语言条件——语言接触中的通用语形成过程分析，《语言战略研究》第 2 期。

丹尼斯·西诺尔（1997）丝绸之路沿线的语言与文化交流，《第欧根尼》第 1 期。

董海樱（2011）《16 世纪至 19 世纪初西人汉语研究》，北京：商务印书馆。

李宇明（2004）强国的语言与语言强国，《光明日报》2004 年 7 月 28 日。

李宇明（2015）“一带一路”需要语言铺路，http://theory.people.com.cn/n/2015/0922/c40531-27616931.html。

尼古拉斯·奥斯特勒（2011）《语言帝国:世界语言史》,上海:上海人民出版社。

吴应辉（2011）国家硬实力是汉语国际传播的决定性因素——联合国五种工作语言的国际化历程对汉语国际传播的启示,《汉语国际传播研究》第1期。

张西平主编（2009）《世界汉语教育史》,北京:商务印书馆。

Abram de Swaan（2001）A political sociology of the World Language System（1）: The Dynamics of Language Spread. *Language Problems and Language Planning*, 22.1 Spring 1998, 63－75.

Cooper, R. L.（1982）A Framework for the Study of Language Spread. In: R. L. Cooper（ed.）, *Language Spread: Studies in Diffusion and Social Change*, pp. 5－36. Bloomington, Ind., Indiana University Press.

Cooper, R. L.（1984）*A Framework for the Description of Language Spread: the Case of Modern Hebrew*. Published Quarterly by UNESCO, Vol. XXXVI, No. 1.

Crystal, D.（2003）*The Cambridge Encyclopedia of the English Language*. Cambridge University Press.

Edwards,J.（1985）*Language, Society and Identity*. Oxford: Basil Blackwell.

Fishman, J. & Rubal-Lopez, A.（1992）Cross-polity Analysis of Factors Affecting English Language Spread: Predicting Three Criteria of Spread from a Large Pool of Independent Variables. *World Englishes*, Vol. 11. No. 213. 309－329.

Fishman, J., Cooper, R. L. and Rosenbaum, Y.（1977）English around the World. In *The Spread of English*. Edited by J. A. Fishman, R. L. Cooper and A. W. Conrad. Rowley, MA: Newbury House. 77－108.

Garcia（2009）*Bilingual Education in the 21st Century: A Global Perspective*. Wiley-Blackwell.

Garcia, O.（2010）Language Spread and its Study in the 21st Century. In Chapter 27, *The Oxford Handbook of Applied Linguistics*（*2nd edition*）. Edited by Robert B. Kaplan.

Weber, G.（1997）Top Languages: The World's 10 Most Influential Languages. *Language Today*, 7(1), 81－84.

（王建勤,北京语言大学对外汉语研究中心,13901139374@139.com）

互联网背景下汉语言专业留学生语言课与文学课的互动与互补*

赵晓晖

提　要　本研究从语体教学入手，反思了传统的分技能教学，力求打通语言课与文学课，进一步发挥文学在汉语教学中的作用，实现不同课型的互动与互补。同时借鉴翻转课堂的教学理念，利用互联网上的丰富资源，结合北京第二外国语学院的教学改革，探索教学、教材与媒体之间的最佳配合方式，以利于全面提升留学生的汉语水平和对中国文化的认知与了解，促进汉语言专业的发展。

关键词　对外汉语教学；汉语言专业；文学；互动；互补

一、问题的提出

面向来华留学生的汉语言本科专业，如果从1975年在北京语言学院（现北京语言大学）试办现代汉语本科专业算起，迄今已经走过了40余年的历程。该专业目标在于培养正规科班的汉语人才，在对外汉语教学界具有标杆意义，目前全国开设此专业的高校不下百所，培养的学生数以万计，取得了很大的成绩，但也存在一些问题。比较突出的问题是很多学生对汉语语体掌握仍不够熟练、表达不够得体、书面语能力比较低、撰写毕业论文捉襟见肘等。下面是北京第二外国语学院本专业的学生在写作中的几个例子：

(1)在语言学习过程中最重要的是反复复习。每次没反复的话，都瞎掰了。

(2)其实，学习的问题是自己。生命是很短暂。即使教给不明白的学生很好的方式，也是个不抵事。

(3)在人类历史发展进程中，大自然是我们的母亲，没有自然，人类不能在地球上存生，什么都要靠着自然，直接或者通过简单的生产工具从大自然获得所需的一切。

“瞎掰”是地道的口语，在这里应改为：“如果不复习的话，没有任何作用。”“不抵事”

* 本文为北京第二外国语学院2017年教学改革重点项目“互联网背景下汉语言专业留学生文学课与语言课的互动与互补”（项目编号：200355）之研究成果。

同样太口语化，本句应改为："即使有很好的方式，对于不明白的学生来说，也没有用。""靠着自然"感觉同样不如"依靠自然"那么正式。

还有一些是语言虽然正确，但是语域太低。如：

(4)西安有一条小吃街，那里有很多很多好吃的东西。

(5)让老人去养老院，孩子们也不要自己替老人拿主意。

"很多很多好吃的东西"固然不错，但是如果能改为"各种各样的美食"，语言自然会上一个台阶。"自己替老人拿主意"最好改为"自作主张"。

还有的学生虽然使用的是书面语，但使用有误，在这方面，成语的问题尤其突出。如：

(6)来留学以前，我是井底之蛙的人。

(7)中国人十分热情。当然有的商人对外国人不好，甚至于骗人。那我们国家呢？一样呗！别瞎子摸象！

(8)政策要时殊风异。

"井底之蛙的人"属于画蛇添足。"瞎子摸象"似指那些未接触过中国的人凭想象对中国做出判断，在这儿"以偏概全"更合适。"时殊风异"应该是学生根据词典直接搬过来的词，在这儿不如改为"与时俱进"。

应该说，在对汉语言专业留学生的教学中，此种现象屡见不鲜。当然，学汉语的学生有多种类型，需求不尽相同，但作为本专业的学生，在中国学习很长时间之后，依然不能进行得体有效的表达，词不达意，或者不够得体，这就使我们就不得不反思教学了。长期以来，在汉语教学中存在着重语法词汇而轻语体修辞的倾向，当然这和初级水平的汉语学习者众多不无关系，但更重要的是一些教学者的认识不足。对此，前人时贤多有论述："语体的不同主要取决于语境。所谓语境，主要是话题、听众(或读者)、话语形式(如，说还是写)和场合。不言而喻，语体学是研究这种语体的……一般说来，语法学管语言运用的正确性，也就是用得对不对；而语体学管语言运用的得体性，也就是用得合适不合适。正确性是对语言运用的最基本的要求，而得体性则是更高的要求。"(盛炎，1994)"正确与否是语言教学的基本要求，而语体意识的获得，则是语言教育中的最高要求，可见言语能力的核心是语体意识。"(丁金国，1997)"从一定意义上说，作为外语或第二语言教学的对外汉语教学，其根本目的就是培养学习者准确地把握和正确使用各种语体的能力。"(李泉，2004)从长期发展的眼光来看，如何解决学生使用汉语"好不好""合适不合适"的问题，即得体性的问题，是衡量语言教学质量的重要标准，是我们汉语教学的最终目标，对于汉语言专业来说，得体性的要求绝不应放松。

造成这一问题的原因是多方面的，如汉语的历史悠久、内涵丰富、口语与书面语距离较大，生源质量参差不齐、各校的入学门槛和毕业要求不尽相同等，但这和我们的教学也有很大的关系，如课程设置不尽合理、对于语体的教学不够重视、文学课没有与语言课形成有效的配合等，导致教学效率不高、学生的语体意识不足，从而不能得体使用汉语。吕必松说，培养专门的汉语人才，"高级"之外还应当有"特级"。"特级"相当于今天的高级翻译，例如能够担任高级会谈的口译和重要文件的定稿（吕必松，1998）。无论是"高级"还是"特级"，得体恐怕都是必不可少的要求。不得不说，我们目前的教学离这一目标还有相当的距离。

要提高汉语的教学效率，很多问题都需要通盘考虑。比如说"字本位"还是"词本位"的问题。吕必松（2005）指出："在汉语教学中，汉字教学既是一个具体问题，也是一个带有全局性的问题。说它是一个带有全局性的问题，是因为汉字教学直接关系到整个汉语教学的路子。"又比如说分技能训练与综合训练的关系。分技能训练是不是培养语言能力的最优模式？各种课型是否能够达到高效配合，最大限度地发挥师生的潜力？值得深思。再如封闭式设计与开放式教学的关系。传统上我们的教学习惯于设计一个封闭的教学大纲，然后根据大纲按部就班编写教材实施教学进行测试等，这种做法固然有一定的科学性，但是忽略了学生的自主性，特别是在目的语环境中，学生对于目标语言的掌握并不是严格按照大纲顺序亦步亦趋的。在互联网飞速发展的今天，语言学习的内容丰富多彩，一个大纲更不可能涵盖其全部。由此看来，想要真正提高教学效率，提高目前汉语言专业的教学水平，就必须做到解放思想、实事求是，根据现代教育技术的发展及教学理念的进步，开创出一条符合汉语特点的教学路子来。

综合前人的研究，我们认为，符合汉语特点的教学路子，汉字教学是抓手，语体教学是关键。所谓语体意识，是指对语境的辨认、把握语体特征、语境对语体的选择，以及重视语体转换代码的能力。实践证明，儿童在习得第一语言的过程中并非同步地习得了第一语言的语体意识，语体意识的习得晚于语言的习得，它与乔姆斯基所说的先天的语言机制也没有什么关系，而是经过后天的环境培育发展起来的。这就要求第二语言教学者要注重培养学生的语体意识，提高学生的语体能力，这样才能帮助他们达到使用目的语进行得体交际的目的。

二、对语体教学的思考

2.1 语体的划分

关于语体，古今中外有不同的分法。我们认为，对于汉语国际教育而言，语体划分应采取“宜粗不宜细”的原则。划得太细,不利于学生掌握,更容易在教学中造成师生的困惑。赵金铭(2004)提出“说的汉语”和“看的汉语”之划分,并引用郭绍虞的说法:所谓“说的汉语”,即“声音语”;所谓“看的汉语”,即“文字语”。这基本上是符合汉语的事实的。“说的汉语”主要指口语语体,即日常生活中的会话,也包括正式场合的寒暄客套;“看的汉语”主要指书面语体,即写作中的表达。说出来的汉语不一定都是口语,例如念稿子,或者按照事先准备好的稿子来说,都只不过是书面语言的口头化而已,还应该归入书面语。写出来的也不一定都是书面语,例如没有经过整理的日常口语笔录,依然是口语。

口语和书面语不一致,非汉语独有,而是几乎所有语言中都存在的普遍现象。只不过由于汉字是一种独特的书写系统,汉语口语和书面语的差别可能更大而已。众所周知,汉语在历史上长期言、文不一致,以秦汉为标准的文言文在形成之后,两千多年来一直在书面语形式上占绝对统治地位,而与人民群众日常生活中的口语白话距离越来越远。这种情况直到五四新文化运动强调“言文一致”“我手写我口”才得到了根本的扭转。然而,希望书面语完全符合口语是不可能的:即使是采用口语体的散文,也因为文字的牵制,不文不白,亦文亦白,不能算是纯口语;至于应用语体文,由于趋简的要求,也不尽符于口语。汉语发展到现在,尽管没有历史上文言和白话的差别那么大,汉语口语与书面语的差别已经基本固定,形成了约定俗成的规范。

一般说来,在自己国家学习外语,由于缺少语言环境,容易将书面语当成口语;而在目的语环境中学习,在日常交流的驱动下,口语一般会相对好一些,常见的问题则是在书面语中大量地误用口语词,使得书面语不伦不类。总而言之,对于第二语言学习者,首要的任务是要能够区分口语与书面语,并能适当地加以运用,在此基础上,才能谈到各种语体的细分。基于此,本文中所讨论的汉语语体,主要指口语语体和书面语语体。

2.2 汉语国际教育中语体教学介入的时机及方法

盛炎(1994)表示,“我觉得外国人学习中文,语体学习不妨从中性语体开始。所谓中性语体,就是介于正式和非正式之间的语体”,“随着中文程度的提高,语体的学习也随之加强”。刘珣(2000:310)也指出:“在语体上,初级阶段既不宜过于口语化(不利于掌握基本结构),也不宜过于书面化(难于掌握,也缺少现实的交际价值),要注意学习口语和书面语都能用到的‘中性’语体。从中级阶段后期开始,加强两种语体的区分和转换。高级阶段要特别加强书面语的教学。”这些意见是实际教学经验的概括和总结,因而具有广泛的代表性。

一般而言,从中性语体开始学习,以后逐渐转向区分口语语体和书面语语体,这从理论上讲没有什么疑问，但在实际教学中并非如此简单。为了让学生尽早习得语体知识，树立语体意识，让语体意识及早监督学生的输出，我们认为迟至一年级下学期，就应该给本专业的留学生进行语体“启蒙”了。这是因为，经过至少半年的汉语学习，留学生已经掌握了一定的词汇和句式，具备了进行简单的日常交际的能力，受其母语的启发，这时候是可以接受“语体意识”的。同时，由于他们头脑中已有一定数量的汉语词汇和句式，在学习新的词汇和句式时，会不自觉地与头脑中已有的进行比较。例如：学生在学习“思念”这个词的时候，很容易和“想念”“想”发生混淆；又有学生问：“目”和“眼睛”有什么不同？这时候，如果教师不注意培养学生的语体意识，仅从词义层面进行解释，远远不能达到使学生理解和掌握的目的。这就要求我们的教师，从初级教学开始，就应该在心目中牢固地树立起语体意识，在日常的教学中就不断地向学生强化语体的概念。

进入中级阶段以后，学生的学习重点转向了近义词汇的细微差别、习惯搭配等方面。这个时候，词义的区分是学习的重点，教师只有在授课中时刻保持语体意识，不仅从理性意义上区分，而且充分强调不同词的语体色彩，讲练生词时将语体观也贯彻进去，才算是真正地将这个生词讲解透彻，能够有效地指点学生，使学生在实际运用中恰当得体。在进入高级阶段的学习之后，再通过对比、转换等方法，让学生熟练掌握书面语体和口语的区别。例如前例，当学生写出“也是个不抵事”后，就要举出“也没有什么用”“也毫无作用”“亦无济于事”等，让学生辨明它们的区别。

2.3　不同课型的定位与配合

目前国内高校中的主流教学都是采用的“一大四小”分技能训练的模式。在这种模式下，听说应该着重培养的是学生的口语能力，而读写则主要培养学生的书面语能力。可是目前很多地方的教学，听说读写各自为政或者定位不清、分工不明，不能做到有效配合，甚至还有互相扯皮的现象。从现实来看，新技术的出现，已经使得新教学模式的出现成为可能。各教学单位完全可以根据自己的实际情况和教学目的，因地制宜，探索更合乎自己实际的教学路子。质言之，各种课型都是为了提高学生得体使用汉语的能力而设置的，各种课型应该达到有效的互动与互补。书面语的学习中需要重视阅读的作用，精泛结合，读写互动。至于口语语体的学习，则要先听后说，听说互动。现代教育技术及网络的发展，使得学生完全有可能通过各种视频、短剧学习活生生的口语（包括日常交流和在正式场合的表达），这样视听说的学习和阅读写作又构成了互补的关系。

具体说来，作为培养学生口语能力的听力、口语课，应该结合起来进行。语言学习的一般规律是输入大于输出，因此应该在大量听的基础上说。以前我们的听力课材料比较单一，缺乏场景、语气、背景，甚至只是播音员照本宣科朗读文本，而这种文本很多时候仅仅是书面语的口头化，根本不是标准地道的口语，造成了课堂所学与日常生活脱节，学生不能在听力和口语课上学到真正生活中的语言。与此同时，我们的精读教材本应承担起向学生展示汉语的博大精深、优美典雅的重任，但是在实际教学中，为了降低难度，直到高级仍不能反映出汉语的全貌。学生学完了我们的教材，基本上只能输出平淡如水的白话，甚至还有错误，很难见到动人的修辞，遑论引经据典、旁征博引了。由此，我们不得不重新认真思考我们不同课型的定位。听力、口语不但应给学生提供活生生的、现实生活中的语言，更应该给学生提供典型的语境，让学生明白在什么样的场景下应该说什么样的话。因此，我们的课程设置应该给予视听说足够的重视，充分发挥多媒体的作用，选取一些适合留学生学习的情节性强、对话丰富的电视短剧、电影作品等，让学生真正体会到地道的汉语口语并将其付诸实践。精读课应更着力于书面语的学习，在教学中，教师应有意识地增加语言对比这一项，加强不同语体类型的分析与比较，结合语体及语境相应的特点，让学生体会不同性质的词语各自出现在哪些不同语体的文章中，不但关注语法和词汇，还要带领学生领会修辞、篇章结构的特点。鉴于正式书面语中很多成分来自古代，古汉语、文学等课在汉语言专业的课程中依然扮演着不可或缺的角色。至于阅读课，更应给学生提供广泛的、各种体裁的书面阅读材料，使学生了解汉语书面语的各种表达，最后综合体现在学生的写作上。

目前来华的汉语言专业留学生在目的语环境中经过一段时间的熏陶之后，日常口语基本尚可，存在的问题主要是书面写作内容空洞、语言无味，这和阅读量不足有很大的关系。考察西方早期汉语学习史，我们发现早期西方人学习汉语之所以能够在书面语表达上达到利玛窦、伟烈亚力等人那样的水平，固然和他们天资聪颖有关，但和他们主要是通过大量阅读进行学习也不无关系。下面一则轶事同样证明了大量阅读的重要性。据记载，清朝时琉球人郑绍言随官生郑孝德、蔡世昌来华，以自费生身份跟随潘相学习汉文：

> 刚开始，绍言除了品读正书外，"亟与言为文"。潘相却让他认真辨析段落虚字语助，尤禁其为语录，指导他领会韩愈的文学主张。三年之后，郑绍言大大改变了过去的观点，为文"（论）笃实而雄畅，表流丽以端庄，尤长于碑记，奇崛之概每得古人三昧"，其习作"与两官生殆伯仲之间矣"。（周发祥、李岫，1999：248）

以上史实说明阅读在第二语言学习中的重要性。在汉语教学中，可能有不少教师或者学生一直在寻找一种能够理解汉语语法、快速提高汉语能力的"窍门"，然而在汉语学习中，这样的尝试恐怕会事倍功半。著名汉学家高本汉在总结自己的治学经验时，也说自己当年对此毫无办法，他只能告诉学生：

> 这需要有猜测力，或者更确切地说，需要体会中国人造句的方式，需要体会他

们用言语表达思想的方式。你必须了解中国人的思路，而要做到这一点只有一个办法：读书，读书，再读书，使你习惯中国人的思考方式，直到你能像中国人那样自动思考时为止。（高本汉，2010：45）

然而从目前的汉语教学来看，学生的阅读量不足是一个不争的事实，很多留学生在华留学四年，除了课本之外，连一本真正的汉语书都没有读过；更有甚者，连课本都不能保证阅读。输入不足，导致学生知识贫乏、思想浅薄、语感不强。如此怎么希冀学生言之有物、出口成章？正因为如此，笔者每学期都要求学生除了课本之外，必须再至少挑选阅读一本真正的中国图书，其中首选文学书。

三、对文学与汉语教学的思考

3.1 文学在汉语教学中的作用

文学是语言的精华，学习任何一门外语，如果不接触其文学，是不可能了解该种语言的精髓的。特别是汉语是一种历史悠久的语言，在几千年的历史长河中，中国人民创造了不计其数的优秀篇章，成为中华文化的宝贵财富，深刻地反映了中华民族的思想价值，是中华文化的核心组成部分之一。从语言教学来说，陈光磊将对外汉语教学中文化教学的内容分为语构文化、语义文化和语用文化，并指出语用文化是指“使用语言的文化规约，即语言运用同社会情境和人际关系联系起来所必须遵循的规则”（陈光磊，1997）。语用文化更能体现出“怎样使唤语言”的特点，更有利于培养学生得体的语言交际能力。文学作品是生活的一面镜子，人生万象、千姿百态，包含了大量的文化信息。从内容来说，文学作品（特别是小说、戏剧）的各个对象存在着复杂的交际关系，优秀的叙事性文学作品中各个人物相对独立，但又互相影响。“人际关系方面的内容，让学生设身处地地理解作品中特定人物之间的关系、人物各自的言行等等，理解决定人物之间交际的背景文化，从而有助于学生在现实生活中更深入、更理性地认识与理解中国人与中国社会，更成功地与中国人进行沟通与交际……大量的叙事类文学作品对人际关系的深刻描述，为学生参与现实交际提供了可供借鉴和可资利用的语言资源与文化底蕴。”（吴成年，2004）另一方面，作品本身提供了一个充满着悲欢离合的艺术的人间大舞台，召唤着读者去参与。学生在学习文学作品的同时，也可以就其思想内容展开讨论，这也是一个真实的交际。此外，作家进行创作、读者从“接受美学”的角度来阅读作品，亦是另一种形式的交际。因此，学习文学作品，学生一边领略作品的语言魅力，一边了解中国传统文化对于人性的影响，同时也是在学习运用汉语进行有组织、有内容、有思想的真实的语言交际。由此可见，进行汉语教学，传播中华文化，文学是极为重要的一个组成部分，它在展示汉语语体、培养锻造留学生的人格、帮助他们了解中国的社会人情、传播中华优秀文化方面发挥着不可替代的作用。

3.2　文学进入汉语教学的方式

文学进入汉语教学的方式有两种：一是通过语言学习进行；二是开设专门的文学课程。我们认为文学作品进入汉语教学，首先应该从语言课入手，例如从二年级的精读、阅读课开始，按照由浅入深、由今及古的原则，在学习主干教材的同时，有意识地对教材中涉及的文学内容进行介绍，与学生交流，将大量文学学习渗透在精读、阅读等课中，同时有目的有计划地给学生安排课下阅读一些相关的文学作品，帮助学生建立一些对于中国文学作品的感性认识，进入三年级之后再开设专门的文学课程就水到渠成了。

事实上，在《高等学校外国留学生汉语言专业教学大纲》里，中国现当代文学和中国古代文学都占有一学年的课时，各 4 个学分，此外还有中国名著选读、汉语古籍选读等课程。但在实际操作中，各个学校往往根据自己的情况做出调整。必须要注意的是，既然培养目标指向汉语定位，文学课程的目的除了勾勒中国文学的整体面貌之外，最主要还是要为提高学生的汉语能力服务。在此目的之下，外国学生学习文学的主要着力点应该放在培养汉语语感上，而不能像中国学生一样，既学习文学作品、还要了解文学史，甚至要学习文学理论。作为汉语言专业，专门的文学课课时较汉语言文学专业必然大为减少，除了在有限的时间内，尽可能增加学生与中国文学接触外，高年级的视听说、精读、阅读等课也要和专门的文学课形成呼应。例如在精读课上，当学到“生当作人杰，死亦为鬼雄”“犹抱琵琶半遮面”等名句时，就应及时与文学课上所学进行参照，增加复现，让学生获得成就感。经过一段时间这样的训练，不但可以使学生了解中国的历史文化典故，学习汉语表达中引经据典的习惯，而且还可以体会中国人的思想感情，在潜移默化中受到中国文化价值观的熏陶，破除“文学无用”的错误观念。

3.3　文学作品进入汉语教学需要注意的原则

1. 要注意处理好理解思想内容与进行语言操练之间的关系。

在语言教学中，文学作品是作为语言课的材料，因此还必须遵循语言操练为主的课堂教学原则，教师切忌长篇大论搞“满堂灌”。当然，教师可以在学生进行语言点操练的过程中适当介绍与讲解，帮助学生深化对文学作品思想内容的理解，这样更有助于加深学生的印象，激发其通过复述、讨论、辩论等形式练习语言、砥砺思想，使语言的操练在更有意义、更高的层次上进行，但无论如何，文学作品进入汉语教学都不应该冲淡其语言教学的主要目的。另外,在操练时教师还应注意给学生指出一些书面用法与口语表达的不同之处,提请学生注意,在教学中有意识地突出语体练习。

2.要注意充分发挥文学作品不同于其他语言材料的优势与特点。

文学作品进入汉语教学,最大的优势就是文学作品都是有思想性的,要想透彻地理解文学作品的思想内涵,就要求教师、学生都具有一定的文学鉴赏水平与思辨能力。要想将这样的课上得生动活泼、幽默风趣,教师本人不但要善于发现语言点并组织有效的课堂操练,而且要善于发现文学作品中有价值的命题,设置难易不同但真正具有一定价值的问题,在课堂上创造真实的交际环境,启发学生思考,激发其表达的兴趣与欲望。双方意见分歧,观点交锋激烈,在练习语言的同时也在用汉语进行"头脑风暴"。教师还可以在讨论之余,将有价值的话题生发开去,结合文学作品成功的表达技巧,鼓励学生运用书面语言表达自己的观点,这样也就锻炼了学生综合运用汉语的能力。

3.教师在进行文学作品的教学过程中,还应具备"文化自觉"意识。

费孝通先生提出了"文化自觉"概念,是指"生活在一定文化中的人对其文化有'自知之明',并且对其发展历程和未来有充分的认识。同时'文化自觉'指的又是生活在不同文化中的人,在对其文化有'自知之明'的基础上,了解其他文化及其与自身文化的关系"(高立平,2002)。跨文化交际是在整个汉语教学阶段都会面临的问题,在文学作品的学习过程中可能更加突出。在这种情况下,教师一方面要对文学作品中丰富多彩的文化现象保持敏感,另一方面更要妥善面对不同文化之间的"文化碰撞",应该本着客观的原则,希望学生理解,但不强迫学生接受,而是要善于进行文化的对比。在进行对比时还应尽量摆脱浅层的文化对比,避免以狭隘的思维方式简化丰富的文化内涵的倾向,引导学生在母语文化与目的语文化之间进行对比和思考,将自身感受和客观叙述结合在一起,超越由教师陈述文化事实、学生接受一个简单的文化的定型的教学模式,将文化教学也转变为人际沟通的过程。

四、"翻转课堂"教学模式的借鉴

基于以上认识,我们在北京第二外国语学院汉语言专业本科留学生的教学中进行了一系列的教学改革,并取得了一些初步的经验。具体的措施包括:突出视听说课的地位、重视文学课在汉语教学中的作用、重视现代教育技术特别是互联网的运用、适度借鉴翻转课堂的教学模式等。

首先,我们在课型上进行了一些调整,将听力、口语课逐渐向视听说课集中。在视听说课上,通过视觉撞击、听觉冲击的手段,全方位调动学生的感觉器官,使其身临其境，最大限度地再现实际场景中的交际，接触最为地道得体的汉语（包括日常对话和正式表达），这是传统被动的听力练习所无法比拟的，也是越来越多的年轻人倾向于通过影视材料学习第二语言的主要原因。对于初级的汉语学习者而言，汉语视听说课更具趣味性，如果教师能够辅以适当的练习，对提高他们的汉语听说能力所起的作用是相当巨大的。到了中高年级之后，视听说的内容应不仅仅局限在日常口头交际，应适当加入访谈、演讲、谈判等内容，以助于提高学生在正式场合进行汉语表达的能力。

其次，在教材方面，二外汉语学院视听说教学研究中心依托搜狐视频的网络资源开发了“中国微镜头”系列视听说教材。教材的内容主要从学生关心的各种热点中选取，如“旅行”“婚恋”“求职”“创业”等，以话题为纲，撷取情景剧、对话、访谈、独白、演讲等各种形式的相关资源，组成一个单元，每个单元单独成书。该教材不但解决了所有视频的版权问题，而且最大的优势在于全部内容都在互联网上，通过扫描二维码，学生即可实现随时在线学习。这样，就极大地扩展了学生的学习空间，除了在课堂上与师生交流，还可以在课下利用手机随时随地进行自主学习、复习。

再次，在教学模式上，互联网的普及和计算机技术在教育领域的应用，使“翻转课堂”教学模式变得可行和现实。学生可以通过互联网去使用优质的教育资源，不再单纯地依赖授课教师去教授知识，而课堂和教师的角色则发生了变化。教师更多的责任是去理解学生的问题和引导学生去运用知识。“翻转课堂”对学生的学习过程进行了重构，在此模式下，“信息传递”是学生在课前进行的，鼓励学生自主学习，教师通过视频、在线辅导给予指导；“吸收内化”是在课堂上通过互动来完成的，教师能够提前了解学生的学习困难，在课堂上给予有效的辅导，同学之间的相互交流更有助于促进学生知识的吸收内化过程。我们认为，汉语教学可以在一定程度上借鉴翻转课堂的教学模式。

由于大学生都已经是成年人，他们不一定要完全依赖教师的教学视频亦步亦趋地进行学习，特别是在高年级阶段，也可以给定范围由学生自主学习。在视听说课上，由于全部学习材料都在网上，学生完全可以自主学习。在高年级的精读课上，学生的主要任务转向语体的掌握和深层意蕴的理解与领会，于是在课前先布置学生利用互联网上的海量资源进行预习，也可以分小组进行，在课堂上由学生轮流发言，就自己的理解与困惑提出疑问，其他同学参与讨论，教师则从中加以指导。在文学课上，由于文学的内容十分丰富，翻转课堂更是有巨大的优势，例如中国现当代文学的很多作品都拍成了影视，可以要求学生在课前上网观看，这样在上课的时候进行检查，并记入平时成绩，可以有力地督促学生自主学习。又如在古代文学的课堂上介绍白居易之前，要求学生在《琵琶行》和《长恨歌》中任选一首，抄录一遍并写出相应的感想。由于任选一首，学生必须先对这两首进行一番比对，这实际是一个泛读的过程；决定下来之后再逐字抄录，由于要书写感想，在抄录的过程中必须理解文意，这其实又是一个精读的过程。这样的作业，学生大多借助互联网完成，通过这种练习，极大地补充了课堂时间的不足，培养了学生独立思考的能力和主动学习的精神。

为配合翻转课堂的教学模式，在课下教师还通过微信群等手段随时与学生展开互动，读写结合，要求学生学习完精读或文学课后，将完成的写作作业发到微信群里，教师及时予以点评。这样不仅学生本人可以和教师及时展开互动，学生之间也可以互相参考、进行交流。互联网的发展使得每一门学科都可以用翻转课堂的形式教学，只是各个学科有自己的教学特点和方式方法。当然，翻转课堂的实施也给教师带来了一定的难度，虽然不一定要求每节课都要录制视频，但教师随时要准备帮助学生解决疑难，每天要面临各种不可预测的问题，而不能像传统的教学那样按部就班"重复劳动"，这要求教师不但要有广博的学识、丰富的经验、充沛的精力，还要有海纳百川的气魄和无私奉献的精神。从学生来说，如果没有一定的主动性，翻转课堂中的学习无法进行，因此更加突出学习的主体性和必要的主动性，需要教师不断引导与鼓励。最为困难的是，如何量化教师的教学效果和学生的学习情况。对于翻转课堂来说，要翻转的不仅仅是教与学过程中的顺序，相对应的还有师生的学习理念与最终的效果评估机制。其实，翻转课堂只是一种手段，重要的是其代表的教学思想：我们到底要培养什么样的学生？是会做题考高分的机器，还是一个独立人格的个体？

五、余论

汉语教学效率的提高是一场事关全局的大事，需要解放思想、实事求是的态度，更需要有责任有担当的教师付出持续不断的艰辛努力，对目前的教学模式做出伤筋动骨的改革亦有可能。只有各门课程都形成良性的互动与互补关系，我们的教学效率才能有明显的提高。

教师要对汉语的特点特别是语体有全新的认识，充分树立起语体意识，因为"言语能力的核心是语体意识"（丁金国，1997）。文学在传播中国文化中的作用怎么强调都不为过，汉语教师应具有深厚的人文情怀，但是这并不意味着否定其他类型的语言材料在汉语教学中的作用，更不意味着文学作品"一统天下"。学生的需求是多方面的，我们的汉语教学也应满足学生多方面的需求。如果完全排斥其他形式的语言材料进入教材，那就和反对文学作品进入教材一样有失偏颇。我们的汉语教学，应该是"百花齐放、百家争鸣"的。

我们要善于利用新媒体，将学生置于开放的环境中，发挥其学习的主动性。从汉语教学来看，我们很多时候可能过于重视一些外在的因素，而对于学习的主体——学生本身重视不够、研究不足。如何帮助学生明确学习目的，激发他们的学习热情，促使其积极主动地学习，可能比我们一味强调“教”的一方面更有助于提高教学的效果。互联网的发展、翻转课堂的实现使得这一研究向前迈出了坚实的一大步。

总之，汉语教学的过程就是传播中华文化的过程，汉语言专业的留学生是汉语教学的标兵，我们希望通过文学课与语言课的互动与互补，使二者成为有机的整体；通过借鉴各种先进的教学模式，调动一切积极的因素，全面提升汉语言专业留学生的语言水平和对中国文化的认知与了解，使其成为既具有高级汉语水平又对中国怀有深厚感情的世界公民。

参考文献

陈光磊（1997）关于对外汉语课中的文化教学问题，《语言文字应用》第1期。

丁金国（1997）对外汉语教学中的语体意识，《烟台大学学报》（哲学社会科学版）第1期。

高本汉（2010）《汉语的本质和历史》，北京：商务印书馆。

高立平（2002）对外汉语教学中的文化意识，《南京社会科学》第2期。

李　泉（2004）面向对外汉语教学的语体研究的范围和内容，《汉语学习》第1期。

刘　珣（2000）《对外汉语教育学引论》，北京：北京语言文化大学出版社。

吕必松（1998）《吕必松自选集》，郑州：大象出版社。

吕必松（2005）《语言教育与对外汉语教学》，北京：外语教学与研究出版社。

盛　炎（1994）跨文化交际中的语体学问题，《语言教学与研究》第2期。

吴成年（2004）对文学作品作为中高级对外汉语教材的思考，《新疆师范大学学报》（哲学社会科学版）第2期。

赵金铭（2004）“说的汉语”与“看的汉语”，《汉语口语与书面语教学》，北京：北京大学出版社。

周发祥、李　岫（1999）《中外文学交流史》，长沙：湖南教育出版社。

（赵晓晖，北京第二外国语学院汉语学院，chuitianzhiyun@163.com）

商务汉语翻转课堂教学模型设计与实践*

朱世芳

提　要　翻转课堂是近年来颇受关注的一种新的教学模式，本文在梳理翻转课堂应用于对外汉语教学相关研究的基础上，尝试构建翻转课堂应用于商务汉语的教学模型，并根据该模型在北京语言大学汉语学院开设的高级商务汉语综合课中进行教学实践。实践表明，翻转课堂能够改善学生预习效果，提高课堂效率，但是也面临课时安排、教学资源制作、教学评价方式等诸多挑战。未来需要在团队合作的基础上开展纵向研究并关注教学资源库的建设。

关键词　翻转课堂；商务汉语；教学模型；教学实践

一、引言

自2000年翻转课堂（Inverted Classroom）作为一个独立的概念被提出以来（Lage, M. J. et al.，2000），在教育领域引起了极大的关注。钟晓流等（2013）将“翻转课堂”定义为“在信息化环境中，课程教师提供以教学视频为主要形式的学习资源，学生在上课前完成对教学视频等学习资源的观看和学习，师生在课堂上一起完成作业答疑、协作探究和互动交流等活动的一种新型的教学模式”。根据该定义，我们需要明确的是，翻转课堂并不是课内活动和课外活动的简单颠倒，而是一种综合了多种因素的教学模式。在翻转课堂研究中，有几个关键要素是不容忽视的，包括外部信息环境、学习资源、学生课前准备、师生课上互动等。

商务汉语教学作为专门用途汉语教学的一个分支，近年来发展迅速，尤其是在中国加入世界贸易组织以后以及“一带一路”合作发展的倡议提出以来，更是获得了前所未有的发展机遇。但是在发展的过程中，仍然存在对学生需求不够明确、教学针对性不强等问题。而现有研究结果表明，翻转课堂延长了教学时间，扩展了教学空间，使课堂互动增加，提高了课堂效率，可以调动学生学习的积极性，有利于实施个性化教学（孙瑞等，2015；李雯静，2016；郑艳群等，2016）。我们认为，将翻转课堂的理念应用于商务汉

* 本文研究得到北京语言大学校级教学项目（项目编号：401170100－MOOC201701）的资助，谨此致谢。

语教学是可行的。

目前，已有学者将翻转课堂具体应用于汉语各要素教学和技能训练，但在专门用途汉语教学领域应用翻转课堂的研究成果还不多，周思明(2016)尝试在旅游汉语教学中采用翻转课堂教学模式；张凯曼(2015)对具体的高级商务汉语会话课进行了翻转课堂教学设计。本文在此基础上，依托北语模课平台(BLCU-MOOC)，结合现有商务汉语教学研究成果，总结翻转课堂应用于商务汉语的教学模型，对高级商务汉语综合课进行重新设计，希望能够细化相关研究。

二、翻转课堂应用于商务汉语的教学模型

建构主义学习理论强调以学生为中心，强调情境、协作学习对意义建构的重要作用，强调对学习环境的设计以及利用各种信息资源来支持“学”。这些学习设计理念能在翻转课堂中得到很好的应用。商务汉语教学实用性强，既包括言语信息、商务专业知识(即陈述性知识)的学习，也包括言语技能的操练，还需要融入相关的文化知识，这些特点都需要在翻转课堂的教学实践中得以体现。因此，在具体实施教学方案之前，应该有一个可遵循的教学模型，以规范教学行为，提高教学效率。

目前有代表性的翻转课堂模型主要有 Gerstein(2011)构建的环形翻转课堂模型，他将翻转课堂分为体验参与、概念探索、意义建构和展示应用四个阶段。但该模型是从学生的角度出发设计的，实际上展现的是在翻转课堂中学生学习的过程。另外，Talbert(2011)结合自己“线性代数”课程的教学实践，将翻转课堂的实施过程明确区分为课前和课中两个阶段，提出了翻转课堂的系统结构，这对语言课堂教学模型的构建也有启发。国内，张金磊等(2012:48)构建了包括课前学习和课堂学习两部分的翻转课堂教学模型。“在这两个过程之中，信息技术和活动学习是翻转课堂学习环境创设的两个有力杠杆。”钟晓流等(2013)则构建了太极环式翻转课堂模型。这两个模型共同的特点是同时兼顾了“教”和“学”两方面，并重视信息化教学环境的作用。

在语言教学领域，也有很多学者先后设计了应用于汉语教学的翻转课堂模型，我们注意到，现有模型大多将翻转课堂分为课前、课中两个环节(徐娟、史艳岚，2014；龙藜，2015；张凯曼，2015)，也有学者提出应该包括课后环节(关爽，2016；高晨，2017)。在如何表现教学过程方面，有的学者采用单向流程图的方式(徐娟、史艳岚，2014；高晨，2017)，也有的学者采用循环流程图的方式(关爽，2016；马洪海、许嘉桦，2017)。

综合分析前人的研究成果，我们认为，设计翻转课堂教学模型要采用系统化的思

想，将教学视为一个融合了环境、师生、资源等多种因素的动态化过程，再结合高级商务汉语教学实践性、综合性强，重视学习者需求的特点，我们尝试设计出翻转课堂应用于商务汉语的教学模型（见图 1）。

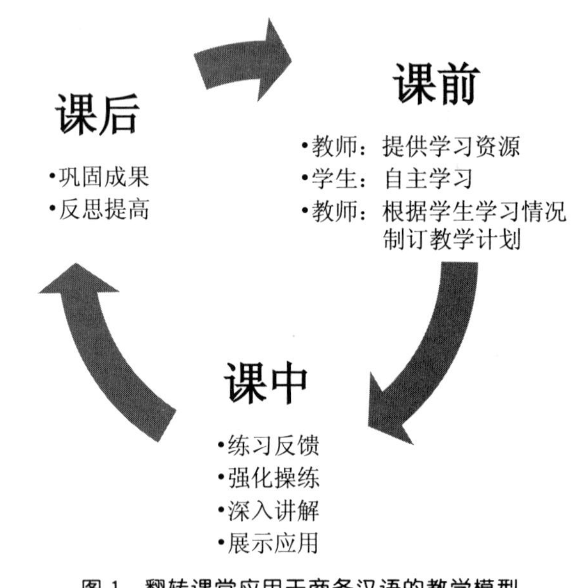

图 1　翻转课堂应用于商务汉语的教学模型

我们认为，课堂教学是一个周而复始、螺旋式提高的系统化过程，因此该模型将翻转课堂的过程总结为课前、课中、课后三个环节，并采用循环流程图的表现形式。具体到每一个环节，又细分为不同的子过程。

课前环节，在这个阶段，教师需要根据教学内容提供学习资源，课型、学生水平、教学目标不同，相应的学习资源也不一样。商务汉语教学的目标是培养复合应用型人才，其教学内容包括一般语言知识、经贸专业知识和经贸文化知识等。因此，教师不仅需要拆分语言知识点，还需要根据专业知识准备相应资料并布置适量的练习题。学生则根据教师的要求完成练习，进行自主学习。之后，我们强调教师还应该根据学生完成练习的情况确定教学的重难点，调整教学计划。这能使教师的教学更好地符合学生的需求，对整个翻转课堂能否高效完成非常关键。

在课中环节，教师首先应该对学生课前预习情况给予及时反馈，在这里我们不主张一开始就进行课堂活动，因为课前预习的成果如果得不到巩固，课堂活动的开展就没有坚实的基础。因此，在课上教师需要在练习反馈的基础上进行强化操练、深入讲解，最后进入以协作学习、小组讨论为主的展示应用阶段。

课后环节同样不容忽视，因为翻转课堂使课堂互动大大增加，因此，学生的反馈也相应增多，教师需要及时反思，布置作业帮助学生巩固课堂成果并进一步提高。

综上所述，该教学模型遵循“以学生为中心”的教学理念，重视师生的互动，希望能够充分发挥信息化时代的技术优势，调动学生的主动性，培养学生的综合能力，突破目前商务汉语教学针对性不强的瓶颈。

三、高级商务汉语综合课应用“翻转课堂”的实践

以下我们以北京语言大学汉语学院开设的高级商务汉语综合课为例，基于翻转课堂理念对《老外在中国》一课进行完整的教学设计。

3.1 课前教学设计

课前教学设计包括提供学习资源、设计练习题和根据学生反馈调整教学内容。具体如下表所示。

表 1 《老外在中国》课前学习资源

语言知识点（录制讲解视频）	生词	高管、合资、项目、业绩、贯彻、炒、感慨、决策、参与
	语言点	……，一个是……，再一个就是…… 不……，不……，怎么……呢？ 没有什么比……更……
提供跟课文相关的学习材料	视频（新闻、纪录片）	北语毕业生的自我介绍
		中央电视台《外国人在中国》栏目相关视频，食堂里的洋老板、从打工仔到董事长
布置适量的练习	生词练习	意义连线、选词填空
	讨论题	请同学们回想自己来中国的经历，总结自己在中国的收获，想想未来是否想在中国发展并说明原因。

1.提供学习资源。

学习资源的准备需要遵循规范性、适量性、趣味性等原则。在选取重点生词时，我们以《经贸汉语本科教学词汇大纲》（沈庶英主编，北京语言大学出版社，2012 年）、《BCT 商务汉语考试词语手册》（刘德联、钱华编著，北京大学出版社，2007 年）两个词表作为依据；在准备跟课文相关的预习材料时，我们尽量搜寻或制作跟学生实际情况相关的视频资料，视频的长度、难度、清晰度都需要达到一定的标准，一般都配有中文字幕，短时新闻类视频还配备有相应文本供学生阅读。本课的课文是《老外在中国》，我们

选取的视频是北语毕业生自己的故事和中央电视台制作的《外国人在中国》的故事，长度不超过30分钟，故事主题跟经贸相关，其中北语毕业生、《从打工仔到董事长》这个故事的主人公跟学生背景相似，年龄差距不大，更易引起共鸣。《食堂里的洋老板》这个故事的主人公跟课文里主人公的背景经历相似，可以作为学习课文之前的预习材料。

值得一提的是，就语言课堂而言，并非所有的教学内容都适合翻转，按照加涅等(2005:91)的分类，我们认为陈述性知识，即“能用言语陈述的事实、概括性知识和有组织的知识”更适合翻转，而技能操练这种需要大量互动的教学活动还是应该放在课上进行。总之，课前学习资源的准备需要与教学目标结合起来，力求有的放矢，避免贪多求全。

2.设计练习题。

练习题的设计与预习材料紧密相关，体现教学的系统性。学生需要根据教师提供的资源进行自主学习后，才能完成相应练习。以本课为例，学生需要看完讲解生词的视频才能完成课后生词练习。讨论题需要学生进行深入的思考，完成该练习不但需要学生调动自己的言语信息知识，提高在数字时代将信息转换成可利用的知识的能力，还能让学生对自己的学习和生活进行总结和思考，完成情感领域的学习。

最后，所有的学习资源通过北语模课平台(http://blcumooc.fy.chaoxing.com/portal)发放(图2)，学生可以统一观看学习，教师也可以及时看到学生学习情况并进行实时监督。

图2　北语模课平台学习资源及练习题发放页面

3.调整教学内容。

学习资源发放完毕之后，课前阶段并未结束，教师需要根据学生反馈及时调整教学内容。学生反馈具体又包括：生词学习情况的反馈、视频观看情况的反馈、讨论题的完成情况等等。利用网络平台的数据统计功能(图3)，教师可以直观地看到学生预习的情况，根据生词练习的完成情况确定课上重点操练的生词；根据视频观看情况确定学生的兴趣点，调整课上讨论话题；根据讨论发言了解学生的个人情况，便于课上进行个性化教学。

图 3　北语模课平台数据统计页面

3.2　课上教学环节

我们主张对课堂内容进行部分翻转，这也就意味着，我们反对完全脱离传统的语言课堂，把绝大部分时间用在课堂活动上，因为课堂活动完成的质量取决于学生语言要素知识的掌握程度，因此，我们仍然需要吸取传统语言课堂相对成熟的经验，在此基础上进行调整。

1.传统商务汉语课堂教学环节。

刘珣(2000:342)提出，一般语言课五个主要环节是组织教学、复习检查、讲练新内容、巩固新内容和布置课外作业。我们以《老外在中国》一课为例进行具体说明，传统教学环节是：问题导入、预习题答案讲解、新课梳理、课文拓展、复习总结、布置作业。在实践中存在的问题是：在导入环节，学生的积极性不高，回答比较随意；在讲解预习题答案时，不管是集体回答还是个别回答，教师都无法准确掌握学生的预习情况和难点；如果学生预习得不好，就会影响新课梳理的进度和课文拓展的效果。而翻转课堂依托网络平台，通过对学生预习情况的及时监控，就能比较好地解决这些问题，提高课堂效率。

2.商务汉语翻转课堂教学环节。

我们将语言翻转课堂分为练习反馈、强化操练、深入讲解、展示应用四个主要环节。在练习反馈阶段，教师根据学生课前做练习的情况进行有针对性的讲解，重点是错误率高的练习；根据学生看视频的情况组织小组讨论并汇报讨论结果；让在课前线上讨论中表现突出的学生向全班同学做报告，将课前预习与课上教学紧密结合起来。这样做能有效地缓解学生在网络平台独立完成学习任务时产生的疏离感，通过集体展示预习成果使学生获得成就感，提高其学习的积极性。

在强化操练阶段，教师应合理安排未经翻转的教学内容和已经翻转的教学内容，以生词教学为例，非重点生词可以用串讲的方式帮助学生理解；重点生词直接进行难句操练，多提供一些相对复杂的情境，给学生提出挑战。在扫清学生语言障碍之后，进入深入讲解阶段，可以采用用指定词语缩写段落、根据关键词复述课文、画流程图等方法帮助学生更好地理解课文结构。最后是展示应用环节，学生在理解课文的基础上，灵活运用所学语言知识表达自己的观点，完成讨论、报告、访谈等任务。以本课为例，我们给学生布置的任务包括：表明自己对课文中主人公的看法；继续深入总结自己在中国的收获，想想未来是否想在中国发展并说明原因；课后分小组对在中国学习或生活的外国人进行访谈，然后把访谈过程录下来上传到网络平台。

3.3 课后教学总结

课上教学完成后要及时巩固成果，反思提高。教师需要根据学生课堂上的表现提供下次课前学习资源。以本课为例，学生在展示应用环节对课前布置的话题进行了深入讨论，因此我们要求学生对讨论的结果进行修改后再次提交到网络平台，从课前简单的思考到课上深入讨论再到课后成果总结，教师可以明显地看到学生的学习轨迹，学生也可以感觉到自己的进步。在此基础上，教师对个别学生进行单独访谈，将访谈视频发放到模课平台作为学生课后任务的参考，也作为第二次课堂讨论的学习资源。如此循环往复，螺旋上升。

以上，我们以《老外在中国》一课为例详细介绍了商务汉语翻转课堂的设计及实施过程。我们以北京语言大学汉语学院经贸系三年级的学生为对象，进行了为期一年的教学实践，仅从测试结果来看，差别并不显著，但从教学评估和学生反馈情况来看，评估结果保持优秀，学生的成就感也得到了明显的提升。

四、翻转课堂应用于商务汉语教学面临的挑战

通过实践，我们认为，在商务汉语教学领域，基于翻转课堂理念进行的教学实践是有应用空间的，值得研究和推广，但是我们也清醒地认识到，任何一种新的教学模式，都有其适用条件，需要考虑教学环境、学生需求并与教学目标紧密结合。

首先，翻转课堂需要学生在课前观看视频并完成相应练习，这些活动均在线上完成，因此，线上学时和课堂教学学时是否需要重新分配是我们需要考虑的问题。网络平台能够提供学生学习时长的数据，学校主管部门也可以据此研究制定相关规定，将学生的学时按比例计入总课时，学生有学分和出勤的压力，课前任务的完成质量也能够得到提高。

其次,实施翻转课堂,要求教师在课前提供各类学习资源,学习资源的质量直接决定了翻转课堂的效果,这是教师面临的一个很大的挑战。我们建议,条件许可的话,可以采取团队合作的方式,将拆分知识点、寻找相应多媒体资料、设计练习、录制视频等任务分开进行,最后统一协作完成,最好能够形成规范化的操作模式并遵循一定的标准流程。我们希望,未来能针对翻转课堂建立相应的资源库,提高教学资源的利用率。

再次,翻转课堂改变了传统课堂的过程,充分利用信息技术,使课堂得到了延伸,其评价方式也应该随之发生改变,即由结果性评价转变为过程性评价,由单一化评价转变为多元化评价。所谓过程性评价,指的是对学生课前在线学习情况、课上互动情况、课后任务完成情况均进行量化统计,计入平时成绩,在最后总成绩中占相当的比例。而多元化评价,指的是不仅看学生的知识掌握情况,还将学生在讨论中是否积极、完成任务的态度、小组协作的情况等纳入评价范围,鼓励学生多元化发展,这和商务汉语专业培养复合应用型人才的教学目标是不谋而合的。

以上,我们总结了经过一个学年的商务汉语翻转课堂教学实践后取得的成果和仍然面临的挑战。虽然我们认为学生在这个过程中学习积极性得到了提高,综合能力得到了培养,但具体教学效果需要用问卷调查、教学实验、跟踪测量等手段进一步验证。另外,翻转课堂作为一种新的教学模式,刚开始实施时会带给师生一定的新鲜感,但经过相当一段时间以后,是否还能保持良好的教学效果值得进一步研究。本研究虽然进行了一个学年的实践,但由于部分教学视频没有录制完成,因此还需要进一步完善。期待经过全面深入的实践检验,我们能提出更丰富的数据来完善该教学模型并在更大范围内进行推广应用。

参考文献

成　云 (2015)《教育心理学》,成都:西南交通大学出版社。

高　晨 (2017) 翻转课堂在美国大学中文课程中实施的行动研究报告,《国际汉语教学研究》第 1 期。

关　爽 (2016) 基于翻转课堂的对外汉语语法教学设计,李晓琪、金铉哲、徐娟主编《数字化汉语教学(2016)》,北京:清华大学出版社。

李雯静 (2016) 翻转课堂在对外汉语教学中应用的可行性研究,《现代语文》(教学研究版)第 11 期。

刘　珣 (2000)《对外汉语教育学引论》,北京:北京语言文化大学出版社。

龙　藜 (2015) "翻转课堂"教学模式与对外汉语口语教学,《海外华文教育》第 4 期。

马洪海、许嘉铧 (2017) 翻转课堂在海外初级汉语综合课教学中的实践研究,《海外华文教育》第 4 期。

孙　瑞、孟瑞森、文　萱 (2015) "翻转课堂"教学模式在对外汉语教学中的应用,《语言教学与研究》第 3 期。

徐　娟、史艳岚 (2014) 翻转对外汉语课堂后的教学活动设计,《中文教学现代化学报》第 2 期。

张金磊、王　颖、张宝辉（2012）翻转课堂教学模式研究,《远程教育杂志》第4期。

张凯曼（2015）基于翻转课堂教学模式的高级商务汉语会话课教学设计,安阳师范学院硕士学位论文。

郑艳群、袁　萍、赵笑笑（2016）汉语语法翻转课堂教学模式的实施方案与实现条件,《汉语应用语言学研究》第5辑。

钟晓流、宋述强、焦丽珍（2013）信息化环境中基于翻转课堂理念的教学设计研究,《开放教育研究》第1期。

周思明（2016）基于翻转课堂的旅游汉语教学设计,西北师范大学硕士学位论文。

Gerstein, Jackie (2011) *The Flipped Classroom Model: A Full Picture*. Available at https://usergeneratededucation.wordpress.com/2011/06/13/the-flipped-classroom-model-a-full-picture/(13 Jun., 2011).

Lage, Maureen J., Glenn J. Platt, & Michael Treglia. (2000) Inverting the Classroom: A Gateway to Creating an Inclusive Learning Environment. *Journal of Economic Education*, 31(1), 30 -43.

Robert M. Gagné, Walter W. Wager, Katharine C. Golas & John M. Keller (2005) *Principles of Instructional Design*, Fifth Edition. Wadsworth. R. M. 加涅等(2017)《教学设计原理(第五版)》,王小明、庞维国、陈保华、汪亚利译,上海:华东师范大学出版社。

Talbert, Robert (2011) *Inverting the Linear Algebra Classroom*. Available at https://prezi.com/dz0rbkpy6tam/inverting-the-linear-algebra-classroom/(21 Sep.,2011).

(朱世芳,北京语言大学汉语学院,zhushifang@blcu.edu.cn)

能指—所指中的隐喻及相似性神话

——兼论隐喻在语言学习中的应用

邹馨磐

提　要　亚里士多德把隐喻看作是将一个事物的名称给予另一个事物，这是传统隐喻观的源头。德里达认为隐喻体现了能指与所指在观念秩序与事物秩序中的相互关系，而索绪尔的符号学观点对文中隐喻系统的构建具有启发意义。相似性作为隐喻的起因，是联系隐喻之两端的关键，从本体到喻体则是隐喻建构的一个过程。本文还探讨了隐喻在语言学习上的应用价值。

关键词　隐喻；能指；相似性；建构；语言学习

一、引言

"隐喻"最早是作为一种修辞手法被提出来的。古希腊哲学家亚里士多德(Aristotle)在其《修辞学》《诗学》等作品中对隐喻都给出了自己独到的见解，这些见解"体现出与语词、陈述(或表述)的联系"(朱全国，2010)。亚里士多德(引自陈中梅译，1996)认为"用一个表示某物的词借喻他物"的词便是隐喻词，而隐喻则是用一个事物的名称赋以另一个事物。这些表明，在某种意义上，亚里士多德的隐喻研究是在能指即语词的层面上展开的。作为解构主义者的德里达，对传统进行了有力的挑战，将隐喻和能指、所指概念共同纳入了他的研究视野中，认为隐喻联系着超越于事物之上的观念。而在德里达之前，索绪尔则明确地将能指和所指分别对应于"音响形象"与"概念"。虽然索绪尔对隐喻并没有专门研究，但是他的符号学理念在某种程度上可以为隐喻的认知提供思维上的启迪。从古代的亚里士多德到现代的索绪尔、德里达，对他们能指—所指思想(或明或暗的)的考察，将促使我们提出一个由四个隐喻环构成的隐喻系统。而从本体到喻体的转换，即隐喻的建构，包括对隐喻的成因——相似性的探究，和隐喻在语言学习上的应用，将是我们继隐喻能指—所指观之后的主要研究内容。

二、能指、所指和隐喻

亚里士多德(引自陈中梅译，1996)认为隐喻存在于将一个事物的名称给予另一个事物的过程中。这种“给予”行为，包括名称从事物之间的转移过程都是在语言符号层面上发生的。例如，“月”和“钩”，当把“钩”这个名称给予“月”这个事物时，就可以在某种特定的情境下用“钩”来代替“月”，造出类似“天上一弯钩”等句子。于此，隐喻是能指与能指（即名称与名称，不同于索绪尔意义上的“能指”概念）之间的替换，在这种意义上，“隐喻属于言说者的言语实践”（戴维·E.库珀著，郭春贵、安军译，2007）。法国哲学家德里达（J. Derrida）在《论文字学》中对精确、严谨的语言做出了规定，即它应该是完全单义的、确切的和非隐喻性的语言（德里达著，汪家堂译，2005）。“隐喻性”成了与“精确”“严谨”相对立的特征。但是这样一种表义精确的语言，无论是弗雷格所谓的概念文字（弗雷格著，王路译，1994），还是皮尔士所追求的逻辑语言（C. S. Peirce, 1955），都还仅仅是一种未完成的乌托邦式的构想。这样一种对理想语言的创造尝试，注定是要失败的，即使成功了，也仅局限于部分领域，而不适用于全部的人类生活和历史经验。因为同人类的日常生活与全部历史融贯在一起的自然语言“原本具有隐喻性”，这种隐喻性源于情感（德里达著，汪家堂译，2005）。而相对于符号和客体，“情感”本质上是心理性的，这为隐喻的理解开辟了从客观主义神话走向心理认知的路径（George Lakoff & Mark Johnson，1980）。

亚里士多德将隐喻理解为“能指的游戏”（名称与名称的替换），而德里达将之理解为“观念或意义（所指）的变化过程”。在这里所呈现的亚里士多德的“能指”是语言层面上的语词，并不涉及人的心智、情感或认知。而德里达虽然将“能指”理解为语词或一般语言学“能指”（是否是索绪尔意义上的“能指”概念?），但德里达文本中的“所指”不是客体对象，而是一种超越于语词和事物表面的“观念”，是“被指称的意义，是语词所表达的东西”，“也是事物的符号，是对象在我们心中的表象”。于是，“隐喻体现了能指与所指在观念秩序与事物秩序中的相互关系”（德里达著，汪家堂译，2005）。至此，德里达的隐喻观便浮出了水面。我们根据亚里士多德对隐喻理解的表述方式来给出德里达的隐喻定义，即隐喻是将一个观念的名称给予另一个观念。当然，这样的表述也许过于草率了，但是这也符合德里达对于隐喻的理解（虽然可能是部分理解）。与亚里士多德相同的地方是，德里达也将隐喻之“能指”理解为语词或名称，即语言层面上的东西。而与亚里士多德的不同之处则意味着德里达在隐喻认识上的进步。德里达将隐喻之“所指”看作是观念而非事物，这显然受到了索绪尔的影响。但有趣的是，德里达是一个对传统进行解构的先驱者，索绪尔在传统语言学意义上也是一个创新者，但对于德里达而言，索绪尔又成了一个新的传统。这种复杂的关系或许是促使德里达既继承索绪尔又批判索绪尔的原因。

说到索绪尔，我们不得不提及他那部著名的《普通语言学教程》。他对符号“能指”

“所指”的论述堪称经典。索绪尔明确指出，“语言符号连结的不是事物和名称，而是概念和音响形象”，它是一种“两面的心理实体”（F. D. Saussure，2011）。鉴于“符号”“音响形象”和“概念”这三个术语可能引起歧义，索绪尔决定用彼此呼应又相互对立的名称来替代它们，即“符号”（他建议保留这个术语，因为他想不出有什么更好的名称来代替之）“能指”和“所指”。这就是索绪尔的基本符号观，即“符号”是由“能指”和“所指”构成的，缺一不可。虽然索绪尔在对“能指”“所指”的阐释中没有涉及隐喻，但是我们可以根据他的符号学理念创造性地解释隐喻在索绪尔意义上的“能指”“所指”表现。

隐喻连结着“能指”和“所指”，在索绪尔意义上，借用德里达的表述方式，我们可以这样说：隐喻体现了“能指”和“所指”在音响形象和概念之间的相互关系。而借用亚里士多德的模式，则出现了两种表述：α. 隐喻是将一个名称的音响形象给予另一个名称；β. 隐喻是将一个事物的概念给予另一个事物 。相比于亚里士多德式的陈述方式，德里达式的陈述方式更为直接，它直接将“能指”对应于音响形象，将“所指”对应于概念。但亚里士多德式的陈述则更具思想性，它标示了隐喻的“双环结构”，即内环对应于概念 i 与概念 ii，外环对应于音响形象 i 与音响形象 ii，而内环与外环又构成了所指—能指关系。除此之外，我们可以看到，在“双环结构”之外还包裹着名称 i 与名称 ii（或语词 i 与语词 ii），又在“双环结构”之内嵌入一环：事物 i 与事物 ii。由此，从内到外形成了一个由四环组成的隐喻结构系统：事物 i—事物 ii＞概念 i—概念 ii＞音响形象 i—音响形象 ii＞名称 i 或语词 i—名称 ii 或语词 ii。隐喻结构最核心的两环是分布在概念和音响形象上的，而这正是索绪尔意义上的“所指”和“能指”隐喻结构。但是，我们将索绪尔式的隐喻结构扩展开来，构建一个四环的隐喻结构系统。把由内到外的隐喻环（事物、概念、音响形象和名称或语词）分别标记为 a、b、c 和 d，其中，a 和 b 构成了“所指”环，c 和 d 构成了“能指”环，又 a 和 d 构成了非心理环，b 和 c 构成了心理环。通过 a、b 和 c、d 的不同组合，可以形成不同的隐喻能指—所指观。由此，亚里士多德对隐喻的理解就处于 a 和 d 上，德里达对隐喻的理解处于 b 和 d 上，而索绪尔对隐喻的可能理解则处于 b 和 c 上。

最后，我们尝试通过例子给出隐喻由起始到完成的一个流程：首先，我们分别看到了月亮（事物 i）和钩（事物 ii），这时既看到月亮和钩的许多差异也看到其相同的特征；其次，月亮和钩在心理上分别形成了概念，从而保留了相似性特征（弯弯的形状）而淡化或隐藏差异性特征，于是两者在概念环里建立了隐喻关系；接着在大脑里回响起这两个事物的音响形象；最后反映在语言层面上形成了两者的名称或语词。这样，类似“天上一弯钩。”的隐喻性句子就最终实现了。换句话说，我们最开始接触到的是现实世界里的事物 i 和事物 ii（可能是实存的，也可能是虚存的），事物 i 与事物 ii 在心理上的印象形成了概念 i 和概念 ii，概念 i 和概念 ii 在语言上的表征是名称 i 和名称 ii（或语词 i 和语词 ii），名称 i 和名称 ii（或语词 i 和语词 ii）在心理上的映射则是音响形象 i 和音响形象 ii。在每一个环上，相对应的 i 和 ii 之间都具有相似性。而相似性是隐喻的起因，也是联系隐喻之两端的核心。

三、相似性神话

隐喻基于两事物之间的相似性。相似性是隐喻的核心，其他特征都是围绕着“相似性”来运转的。在两个事物所构成的交集中（即数学中的“∩”，相似性是促使这个交集形成的核心要素），它们的所有特征汇聚成了一个类似太阳系的特征场。在这个特征场里，相似性是其中的核心——太阳——其他特征有的距离核心近，有的距离核心远，依据跟核心的距离长短分别位于太阳系中的不同轨道上，而越接近“太阳”（即核心或相似性），则隐喻性越强。在这里，将“相似性”比作“太阳”，本身就是一个隐喻性的表达。在这个隐喻里，“太阳”是相似性的寓所，即太阳是喻体，相似性是本体，两者的相似性可以用以下形式来呈现：[太阳 = 相似性 → （核心（太阳）↔ 核心（相似性））]（读如：如果 太阳 = 相似性，那么“太阳在太阳系中的核心地位”实质上等价于“相似性在隐喻中的核心地位”，符号“=”表示“相似于”，改写自徐盛桓，2014）。当我们把相似性置于太阳的核心位置时，在某种意义上它就具有了神话的特性，可以将之称为“相似性神话”。

在这个“相似性神话”中，连接着“相异但是同一”（徐盛桓，2014）的两端——本体和喻体。本体和喻体作为特征的承载者，既可以属于同一个范畴，也可以分属于不同范畴。它们可能是两类截然不同的物种，甚至是由两类在属性上相对立的事物构成的：一类是观念、事件、活动和行为等抽象事物聚合体，另一类则是由具体、简单的有形事物构成的集合，但只要在某一个或一些特征上是相似的，便能够把一事物的特征（相当于认知语言学的“射体”）投射到另一事物上（相当于“界标”），从而构成隐喻。从认知语言学的角度看，“相似性”可以看作是高度凸显的“侧面”（或者说是在背景参照下的“图形”），一旦两个事物之间构成了隐喻关系，就会自然而然地淡化或消弭其他非凸显的特征，而凸显出所要强调的共同特征（George Lakoff & Mark Johnson，1980；兰盖克著，牛保义等译，2013）。例如，在“Andy is a mouse.”的隐喻表达式中，mouse 是喻体，Andy 是本体，它们之间用 is 来连接，表明两者之间的相似性。当用 mouse 来隐喻 Andy 时，只有 mouse 的[TIMID]这一特征被投射到了 Andy 身上。符号 Andy 的所指在我们的认知里指向一个人，而 mouse 的所指则指向鼠类，这是两个差异甚大的概念，分别对应于两种截然不同的生物，并各自具有许多不同的特征。但在隐喻世界中，除了[TIMID]之外，无论是 Andy 还是 mouse，它们所具有的所有其他特征都自动隐没了，并在即时表达的意义世界里都丧失了存在价值。而这就是隐喻的魅力所在。

值得注意的是，“相似性”的发现不是 A 事物和 B 事物之间进行比较的最终目的，而是表达者为了更好说明和解释 A 事物的某个特征，通过在 B 事物中寻找相似性，并使这个相似性以更大的“特征能量”（双倍的凸显）返归到 A 事物身上，从而增强 A 事物的某个需要表现出来的特征，而这个凸显的特征正是隐喻表达的最集中的意义。另外，正如我们所知道的，类别是基于某个相似性或共同特征而建立起来的，因此，在隐喻的形成过程中，相似性的促动将使两个截然不同的事物涌入到同一个容器里，这在某种意义上是对事物的一种重新分类（束定芳，2002）。而这一切都是在观念中进行的。

法国隐喻学家保罗·利科（汪家堂译，2004）认为，“相似性首先出现在观念之间”。为了理解这一点，我们先回顾一下之前提到过的隐喻的四环结构系统。隐喻系统是一个由四个隐喻环构成的系统，其中概念环属于心理层面的一环，而相似性的发现是在概念环中得以实现的。也正是在概念环中，众多差异性特征才得以淡化或隐没，事物的相似性才得以浮现与凸显。这也表明，隐喻的真正操作场所是在观念的工厂里，而非事物或语言的作坊内，因为词语仅仅是“观念的名称”，是隐喻的明亮的外壳，而事物不过是观念的所指物，是隐喻无法触动的客体或对象。在这个意义上，隐喻是轻盈的，同时也是相对自如的、开放的，它只要攫取两个事物（实存的或虚存的）的相似性，无论这两个事物是什么，都可以构建自身。正因为隐喻的构建是普遍的，因此，认知语法学家才说，在日常生活中，隐喻是无所不在的（George Lakoff & Mark Johnson，1980）。此外，利科还认为，相似性“通过简化工作而得到证实和提高”（保罗·利科著，汪家堂译，2004），这使得从明喻转向隐喻成为可能。例如，“露似珍珠月似弓”（白居易《暮江吟》），是一个明喻表达式，“露”与“珍珠”、“月”和“弓”通过形状的相似性而连结在了一起。相似性让本体的隐没成为可能，在语言层面上喻体可以借此直接进入句法组合里，代替本体成为句法位置上的一个占据者。此时，本体和喻体之间的相似性将得到证实，因为如果没有相似性，这种简化工作将是无意义的，而隐喻也将是失效的；同时，从明喻到隐喻，由于“像”类喻词的隐匿（它们本身提示了相似性），本、喻体之间的相似性也将得到提高。例如，“天上像弯弓一样的月亮。”进行简化操作后，让“弯弓”直接替代“月亮”，占据“月亮”所在的句法位置，便构建了“天上一弯弓。”这样的句子，如此，相似性既得以证实，又得到了提高。

回到本文这一部分的标题：“相似性神话”。将“相似性”和“神话”组合在一起，并不是进行一场隐喻性的“文字游戏”，而是为了凸显相似性在隐喻里必定存在并且是强势存在的意义。在“相似性”与“神话”的隐喻关联中，凸显的不是其神秘性，而是一种生动的力量和强大的构建力（神话中的人物如伏羲、女娲、共工等都是富于力量和创造性的）。相似性构建了隐喻，并且使得隐喻无处不在，而这无异于神话中的存在者，因此，"相似性神话"才有了其构建的合理性。

四、隐喻的构建：从本体到喻体

在本文第二部分中，我们尝试摹画了亚里士多德、德里达和索绪尔的隐喻能指—所指观，并且创立了一个由四个圆环绕而成的隐喻系统。在这个系统中，是两个大致相同的由四个向心圆构成的图形，两个图形由内而外分别是[事物 i＞概念 i＞音响形象 i＞名称或语词 i]和[事物 ii＞概念 ii＞音响形象 ii＞名称或语词 ii]（由内到外的四个环分别用 a、b、c、d 标记），在事物 i 和事物 ii、名称或语词 i 和名称或语词 ii 之间用实线条连接，表示非心理性的对应关系，而在概念 i 和概念 ii、音响形象 i 和音响形象 ii 之间则用虚线条连接，表示心理性的对应关系。i 和 ii 之间是本体和喻体的关系，而 a、b、c、d 两两组合，根据能指性强弱（字母顺序越后，能指性越强）构成能指—所指关系，例如 c 和 b，即音响形象与概念构成了索绪尔意义上的能指—所指关系。通过更细致地分析这个四环隐喻结构系统，我们了解到，隐喻之能指与所指关系并不等同于本体和喻体的关系。这部分，我们将探讨从本体到喻体的转变，即隐喻的构建，并且我们将以现代汉语词"在"来具体展开这部分的内容。

从本体转换成喻体是在心智里完成的，这个过程是从"对本体的物象的感觉转换为对该物象的心理感受，而从感觉发展为感受就是意识活动从最初意识（primary consciousness）发展为反思意识（reflective consciousness）的过程"，并且是一个"以记忆为基础进行格式塔转换（Gestalt transformation）以发生联想和想象的过程"（徐盛桓，2013、2014）。例如，"在"，最开始是一个表示空间的词，比如"在河之洲（《诗·周南·关雎》）""在冀州之南（《列子·汤问》）""疾在腠理（《韩非子·喻老》）"等。因此，我们可以把空间域的"在"看作最初的本体，而把其他认知域的"在"看作喻体。在这些认知域中，时间是最早也是最紧密地和空间联系在一起的。从空间域转换到时间域是自然而然的，这种转变的发生在"在"一诞生时就已酝酿成熟了，因为恰恰是时间和空间构成了世界存在的基本条件。所以，蕴含着"存在"意义的"在"开始由空间域向时间域进发，是必然的一种趋势，也是不可阻挡的一种结果。

对于隐喻而言，从一个域跨越到另一个域，只有"相似性"才能给予这种跨域现象的发生以合理性。因此，时间域中的"在"和空间域中的"在"是具有对应关系的。具体来说，一个空间上的点对应于一个特定的时刻，一个空间上的面一般对应着某个有明确界限的时段，而一个三维空间体则对应于一段界限较为模糊的较长时间流。例如，“在九点钟(at nine o’clock)”“在十月一日(on October 1st)”“在春天里(in spring)”等。从一个域到另一个域的特征投射就是在这“相似性”中发生的。相似性既是隐喻发生的条件也是其基础，从某种意义上来说，也是它的动力(相似性促动了隐喻的生成，没有两事物之间的相似性，隐喻便无从谈起)。

除了时空域外，还有其他的特征域作为“在”发生隐喻的目的域。比如“在梦中(in the dream)”，是将“在”在时空域中的特征投射到了神经活动的思维域里，使得“在”具有了一种抽象的意义。“在”在这里还具有了一种特殊的建构作用，它建构了“梦”的形态，赋予“梦”一种立体的空间形状，并同时赋予了梦一段绵延的时间流。又比如“在记忆里(in the memory)”，将“记忆”隐喻为一个具有时段的事物，它表示自出生到此刻这一段时间里留存在脑海中的所有事物之总和，因此它又在时间隐喻的基础上建构了一个繁浩的系统(类似于一座巍峨又复杂的建筑体)。再比如，“在欢乐中(in happy)”这一个隐喻表达，“在”为“欢乐”创建了一个立体的框架，将一种积极的情绪纳入到它的认知域中。这时，“欢乐”的部分特征就由抽象过渡到了具体，至少欢乐的某些特征在其核心意义的投射下被表现了出来。

另外，“在”本身所具有的一些特点，比如它表示点、面、体等的空间意义，使得“在”仅仅依靠自身就可以成为隐喻认知中的一个喻体。当它和其他较为抽象的名词或名词性表达式相组合时，它凸显了那些名词或名词性表达式所对应的事物在点、面、体方面所具有的特征。比如，“在梦里(in the dream)”，当“梦”独自出现时，我们经常想到的是梦的那种迷离惝恍的状态以及那些在梦里飘忽不定的事物。但是，当“梦”和“在”组合之后，“梦”的立体感就立即呈现出来了，也就是说，梦变得具体化了。此时，“梦”成了一座恢弘的剧院，成了一个巨大的容器，“梦”甚至还成了一段绵延的时间流。而梦里所发生的一切事情、所出现的一切人与物都是在这建筑体中、在这巨大容器内、在这绵延的时间里存在的。这就是“在”的隐喻所具有的令人叹为观止的伟大的建构意义。

从“在”这个具体的例子中，我们可以发现，“在”从本体到一个喻体再到另一个喻体的转变，虽然分别置身于不同的认知域里，并且具有种种不同的表现，但其本体和喻体之间的相似性却是不变的，而这种相似性便是“在”最基础也是最根本的特性。隐喻的构建即是从“变”中遵循着“不变”的原则，这在某种程度上与索绪尔对语言符号“可变性”和“不可变性”的总结是相合的。因此，我们可以这样说，从本体到喻体的转变，使得隐喻在稳定中变得丰富起来，从而成为我们赖以生存的事物之中最为多样的一个。

五、隐喻和语言学习

我们生存其中的要素影响了我们的语言，同时语言也影响了我们对这些要素的认知（John T. Guthrie，1978）。隐喻作为既存在于语言中又作用于我们思想、行为的这样一个要素，对我们语言的学习自然有不小影响。Carol Herron（1982）就认为，教什么和如何教，以及对语言学习价值的认识，都是和隐喻紧密联系在一起的。而学习语言本身是一个隐喻性的过程，它可以被看作是获得、参与和知识创造的隐喻（曾文婕、柳熙，2013）。由此，隐喻在语言学习中所扮演的重要角色可见一斑。

在语言学习中隐喻之作用的发挥，至少可以借用以下两句话来做说明：

第一句话是，“隐喻为观念（concept）提供了生动而具体的例子，通过克服字面语言的局限性，使得非字面的或抽象的观念能够被表达出来”（Ortony，A.，1975）。当我们学习一门外语，尤其是词汇部分时，我们不仅需要掌握其读音、词形，而且需要了解其词义和用法。假如在二语习得过程中我们碰到了“理论”这个词，“理论”一词本身是抽象而难以把握的，可是我们可以借助隐喻表达使其具体化，从而认识它的诸多特性。比如，把“理论”隐喻为“建筑”，凸显“理论”的结构性和系统性；把“理论”隐喻为“蓝图”，强调其对实践活动的指导性，而把“理论”隐喻为不断运动、更新的“流体”，则表明“理论”是与时俱进而非一成不变的。于是，在隐喻之中，通过对“建筑”“蓝图”“流体”的直观认识，我们分别了解了“理论”一词所具有的系统性、指导性和变动性等特征，因此对“理论”一词的含义也有了一个较为全面的认识。

第二句话是，“在我们的语言中，隐喻性表达与隐喻性概念系统地紧密相连”（George Lakoff & Mark Johnson，1980）。隐喻基于所指的相似性，将所指中的诸多事物、概念关联起来，从而进入到能指层面，形成一个带有聚合性的语词系统。例如，围绕着“爱（love）”一词，我们可以构建若干个隐喻，将一簇簇具有相似性内涵的语词联结在一个意义网络里，从而巧妙地而非机械式地习得一整片词语。“爱是物理力（LOVE IS A PHYSICAL FORCE.）”，关联的是“火花”“吸引”“气氛”“能量”和“动力”等在描述物理现象中经常出现的语词；“爱是病人（LOVE IS A PATIENT.）”连带着“病态”“健康”“复原”“坡脚”和“疲累”等与人们的生命健康相联系的语词；“爱是魔法（LOVE IS MAGIC.）”则聚拢了“着魔”“恍惚”“入迷”等一批具有魔幻色彩的语词。如此，从“爱”这个词出发，以相似性为黏合剂，以隐喻为法则，就可以构建出一个词汇模型，从而将本无联系的词汇聚合在一个系统中，增强词汇习得的便利性和高效性。

前面我们分别从隐喻具象化和系统性特点来认识隐喻对语言学习的作用，具象化增强了抽象语词的可理解性，系统性则提高了词汇记忆的关联度。而在语言学习过程中，存在着一个认知机制，即具体化（concreting）、同化（assimilation）和结构化（structuring），这三个过程都涉及隐喻（Simons，P. R. J.，1984；Roberta D. Evans & Gerald E. Evans，1989）。具体化是将对一个抽象概念的理解转化为对具体事物的认识，换句话说，是用所指性强的事物去解释能指性较强的概念（在这个意义上，能指性对应于抽象性，所指性对应于具体性）。同化则是将新信息整合到已有的旧信息中，例如，在学习祈使句时，我们最初了解了它的句法构造和语气类型，后来又根据言语行为理论认识到其言外之力和施事行为。在这里，新信息相当于隐喻之喻体，而旧信息则大致对应于隐喻之本体，将新信息整合到旧信息中，即是将喻体整合到本体之中，新、旧信息之整合，某种程度上就是本体、喻体在相似性的促动下被重新归类于同一个范畴中。与同化不同的是，结构化在隐喻性学习过程中构建了一个有差异的知识图式，它在新材料的基础上建立了一个与旧图式不同的新图式。例如，在语言学习方法上，最开始用的是语法翻译法，后来出现了听说法以及在人本主义、认知主义和功能主义等原则指导下的其他新方法，而这就是一个新图式不断构建、替代和完善的过程。

隐喻在语言学习中的运用和价值，当然远不止这些。它的价值是不可估量的。因为它不仅存在于语言中，还意味着一种相当灵活的具有创造性的思维的产生。因此，在语言学习领域里，隐喻显示了新的洞见，打开了新的可能性（Roberta D. Evans & Gerald E. Evans，1989）。也因此，隐喻在某种程度上乃是一种才能和天赋。

六、结语

隐喻是通过另一种事物来理解和体验当前的事物（George Lakoff & Mark Johnson，1980），这是对隐喻最一般的定义，也反映出人类对隐喻认识的一个角度。在能指—所指中考察隐喻是一个独特视角，也是一种新的初步的尝试。索绪尔将“能指”和“所指”对应于“音响形象”和“概念”，显然是着眼于人类的主观世界。在他之前的亚里士多德，则将隐喻的“能指”限定在名称即语词上，从而使得隐喻成为一门修辞学的艺术。德里达既批判传统又继承传统，把隐喻看作是“能指”和“所指”在事物秩序和观念秩序之间的相互关系。由此，我们粗略地构建了一个由四环组合而成的隐喻系统。在这个系统中，相似性是其中的核心，也是连接本体和喻体的桥梁，而隐喻的建构就是从本体到喻体的转换，这个过程使得我们的语言更加灵活多变，同时也让我们的思维更加开阔又富于联想。当然，理解隐喻是为了应用隐喻。隐喻在语言学习上尤其是在对词汇的认知上具有重要意义。对这一领域深入而全面的研究无疑将促进我国对外汉语事业的繁荣发展。总之,隐喻是一艘驶向思维海洋的轻捷快艇。

参考文献

保罗·利科 (2004)《活的隐喻》,汪堂家译,上海:上海译文出版社。

戴维·E.库珀 (2007)《隐喻》,郭贵春、安军译,上海:上海科技教育出版社。

弗雷格 (1994)《弗雷格哲学论著选辑》,王路译,王炳文校,北京:商务印书馆。

兰盖克 (2013)《认知语法基础(第一卷):理论前提》,牛保义等译,北京:北京大学出版社。

束定芳 (2002) 论隐喻的运作机制,《外语教学与研究(外国语文双月刊)》第2期。

徐盛桓 (2013) 再论隐喻的计算解释,《外语与外语教学》第4期。

徐盛桓 (2014) 隐喻的起因、发生和建构,《外语教学与研究(外国语文双月刊)》第3期。

雅克·德里达 (2005)《论文字学》,汪堂家译,上海:上海译文出版社。

亚里士多德 (1996)《诗学》,陈中梅译,北京:商务印书馆。

朱全国 (2010) 亚里士多德的隐喻观分析,《前沿》第10期。

曾文婕、柳 熙 (2013) 获得·参与·知识创造——论人类学习的三大隐喻,《教育研究》第7期。

Carol Herron. (1982) Foreign-Language Learning Approaches as Metaphor. *The Modern Language Journal*, 66(3), 235-242.

Ferdinand de Saussure. (2011) *Course in General Linguistics*. Columbia University Press.

George Lakoff & Mark Johnson. (1980) *Metaphors We Live By*. Chicago: University of Chicago Press.

John T. Guthrie. (1978) Metaphors for Reading Failure. *The Reading Teacher*, 31(7), 852-854.

Ortony, A. (1975) Why Metaphors Are Necessary and not Just Nice. *Educational Theory*, 25, 45-53.

Peirce S.C. (1955) *Philosophical Writings of Peirce*. Justus Buchler(Ed.), Dover Publications, Inc.

Roberta D. Evans & Gerald E. Evans. (1989) Cognitive Mechanisms in Learning from Metaphors. *The Journal of Experimental Education*, 58(1), 5-19.

Simons, P. R. J. (1984) Instructing with Analogies. *Journal of Educational Psychology*, 76, 513-527.

(邹馨磐,北京语言大学对外汉语研究中心,m17801190130@163.com)

图书在版编目(CIP)数据

汉语应用语言学研究.第7辑/北京语言大学对外汉语研究中心编.—北京:商务印书馆,2018
ISBN 978-7-100-16496-2

Ⅰ.①汉… Ⅱ.①北… Ⅲ.①汉语—应用语言学—文集 Ⅳ.①H1-53

中国版本图书馆CIP数据核字(2018)第188941号

汉语应用语言学研究

第7辑

北京语言大学对外汉语研究中心 编

商 务 印 书 馆 出 版
(北京王府井大街36号 邮政编码100710)
商 务 印 书 馆 发 行
北 京 冠 中 印 刷 厂 印 刷
ISBN 978-7-100-16496-2

2018年9月第1版　　开本 787×1092 1/16
2018年9月北京第1次印刷　　印张 11

定价:40.00元